Os caminhos da reflexão metafísica:
fundamentação e crítica

SÉRIE ESTUDOS DE FILOSOFIA

Os caminhos da reflexão metafísica:
fundamentação e crítica

2ª edição

Mauro Cardoso Simões

Rua Clara Vendramin, 58 . Mossunguê
CEP 81200-170 . Curitiba . PR . Brasil
Fone: (41) 2106-4170
www.intersaberes.com
editora@intersaberes.com

Conselho editorial
Dr. Alexandre Coutinho Pagliarini
Drª. Elena Godoy
Dr. Neri dos Santos
Mª. Maria Lúcia Prado Sabatella

Editora-chefe
Lindsay Azambuja

Gerente editorial
Ariadne Nunes Wenger

Assistente editorial
Daniela Viroli Pereira Pinto

Edição de texto
Natasha Saboredo

Capa
Denis Kaio Tanaami (*design*)
Sílvio Gabriel Spannenberg (adaptação)
Everett Collection/Shutterstock (imagem)

Projeto gráfico
Bruno Palma e Silva

Designer responsável
Sílvio Gabriel Spannenberg

Iconografia
Regina Claudia Cruz Prestes

Dados Internacionais de Catalogação na Publicação (CIP)
(Câmara Brasileira do Livro, SP, Brasil)

Simões, Mauro Cardoso
  Os caminhos da reflexão metafísica : fundamentação e crítica / Mauro Cardoso Simões. -- 2. ed. -- Curitiba, PR : InterSaberes, 2024. -- (Série estudos de filosofia)

  Bibliografia.
  ISBN 978-85-227-0884-0

  1. Filosofia 2. Metafísica I. Título. II. Série.

23-177163   CDD-110

Índices para catálogo sistemático:
1. Metafísica : Filosofia   110

Cibele Maria Dias – Bibliotecária – CRB-8/9427

1ª edição, 2015.
2ª edição, 2024.

Foi feito o depósito legal.

Informamos que é de inteira responsabilidade do autor a emissão de conceitos.

Nenhuma parte desta publicação poderá ser reproduzida por qualquer meio ou forma sem a prévia autorização da Editora InterSaberes.

A violação dos direitos autorais é crime estabelecido na Lei n. 9.610/1998 e punido pelo art. 184 do Código Penal.

sumário

dedicatória, vii
agradecimentos, ix
prefácio, xi
apresentação, xv
como aproveitar ao máximo este livro, xix
introdução, xxiii

1

As relações entre ciência e filosofia, 28
1.1 Os pressupostos das relações entre ciência e filosofia, 31
1.2 Metafísica: origens, 34
1.3 A realidade ou o "ser": apresentação dos principais conceitos metafísicos, 36
1.4 A inteligência e a realidade, 46
1.5 As faculdades cognoscitivas, 50
1.6 Exigência fundamental: investigar a realidade filosoficamente, 57
1.7 A visão integral do "ser", 59

2 A concepção de alma na filosofia grega, 66
2.1 Os hilozoístas, 68
2.2 Os pitagóricos, 70
2.3 Os eleatas, 71
2.4 Os filósofos "naturais" mais recentes, 72
2.5 A filosofia platônica, 74
2.6 Elementos fundamentais da metafísica aristotélica, 91

3 A reflexão metafísica na filosofia medieval, 128
3.1 Metafísica e ética no pensamento de santo Agostinho, 135
3.2 A patrística latina: Boécio, 141
3.3 O argumento ontológico de santo Anselmo, 142
3.4 O pensamento de santo Tomás de Aquino, 144

4 A metafísica moderna e contemporânea, 152
4.1 Descartes e a busca de fundamentação, 154
4.2 Kant e a metafísica, 161
4.3 Schopenhauer e a metafísica da vontade, 167
4.4 Nietzsche e a crítica aos fundamentos da metafísica, 169
4.5 Heidegger e a superação da metafísica, 181
4.6 Pós-modernidade e pós-metafísica, 186
4.7 Neurociências, 188
4.8 Neuroética, 192

considerações finais, 203
referências, 207
bibliografia comentada, 217
respostas, 219
sobre o autor, 223

dedicatória

Dedico este livro aos amigos João Menezes de Carvalho, pelas conversas sempre estimulantes e pela amizade sincera, Amanda Teixeira, pela amável e sempre radiante felicidade, Adriano Ferro Gil e Daniel Rigotti, pelos sonhos compartilhados e sempre por alcançar, e Dulcedite Passadori, pelo carinho e pela amabilidade.

Dedico, também, aos alunos com os quais pude debater durante os anos de docência em Curitiba, particularmente nas disciplinas que estiveram sob minha responsabilidade entre os anos de 2001 e 2009: História da Filosofia Antiga, Tópicos de Filosofia Antiga, Metafísica e Problemas Metafísicos.

agradecimentos

Quero agradecer *aos* professores Antônio Djalma Braga Junior e Luis Fernando Lopes, contato estimulante para a redação deste livro. Agradeço, igualmente, à Editora InterSaberes e ao Grupo Uninter, pela atenção, cuidado e presteza nas inúmeras correspondências que colaboraram decisivamente para que este texto pudesse vir à luz.

Não poderia deixar de agradecer a Sara, primeira leitora deste texto e crítica intransigente, sempre requerendo mais clareza ao texto e atenção ao leitor, para que não houvesse discrepâncias. Suas sugestões me ajudaram a tornar evidente algumas ideias fundamentais.

prefácio

A *obra apresentada pelo* professor doutor Mauro Cardoso Simões constitui-se uma referência obrigatória para todos aqueles que buscam estudar os fundamentos da metafísica e o seu desenvolvimento histórico, uma vez que contribui para o aprimoramento dos estudos clássicos disponíveis em língua portuguesa, em especial pela forma sistemática de organização das ideias que os leitores poderão observar.

Deve-se considerar que o autor se destaca pela habilidade no manejo da escrita, pela clareza na exposição das ideias e pela objetividade com que percorre as bases do pensamento metafísico.

Faz parte das características do autor a busca pela tradução do pensamento filosófico de forma didática e com uma linguagem contemporânea, não apenas nas suas obras e palestras, mas principalmente na atuação em sala de aula com os alunos. Estes, inclusive, a partir desse momento, poderão usufruir de um trabalho muito bem elaborado em torno da temática da metafísica.

Um olhar singelo no sumário e uma leitura rápida nas folhas introdutórias desta obra revelaram a mim o que será revelado ao leitor: o empenho, a seriedade e a criticidade do autor na estruturação do raciocínio oferecido.

Torna-se impossível evitar uma criteriosa tomada de posição perante os sistemas expostos no presente trabalho, uma vez que a proposta é instigante e desperta curiosidade para se buscar aprofundamento nos conhecimentos compartilhados pelos autores que tematizam o objeto e a análise da metafísica.

Este livro não se desenvolve na perspectiva de fornecer uma resposta isolada ao velho problema da metafísica, apresentado nas origens da filosofia, uma vez que não há uma resposta única ou que apareça marcada pelos elementos do consenso quando se trata do assunto. No entanto, é possível perceber neste estudo a busca constante por elencar problemas, não com a intenção de resolvê-los, mas de chamar a atenção para um conjunto de indagações que ainda perturbam o espírito filosófico.

E isso deve acontecer, afinal, a capacidade de exercitar a racionalidade humana ganha poder quando é colocada a serviço das explicações em torno da natureza e das manifestações filosóficas.

A temática da metafísica sempre ganhou atenção de grandes pensadores na cultura ocidental, mesmo que nos últimos tempos não tenha gozado de prestígio. Aristóteles cunhou conceitualmente a perspectiva teórica denominada *filosofia primeira**, que, mais tarde, no século I da Era Cristã, levaria o nome de *metafísica*, chegando até o presente momento.

O texto do professor Simões está dividido em quatro grandes partes de exposição de ideias e reflexões em torno da importância fundamental da compreensão do percurso histórico de reflexão filosófica.

Na primeira parte, é possível ao leitor compreender toda a base de relação entre a ciência e a filosofia, assim como o trabalho em torno do conceito de "ser", tanto no sentido de um olhar fragmentado quanto numa visão integral.

Na segunda parte, é feita a exploração da concepção de alma na constituição da filosofia grega, com o delineamento do pensamento platônico e os elementos fundamentais da metafísica aristotélica.

Na terceira parte, há um brinde à reflexão filosófica medieval, destacando a relação entre metafísica e ética na abordagem do pensamento de santo Agostinho, a pujança da sistematização lógica de Boécio na *De consolatione philosophiae*, a constituição do argumento ontológico de santo Anselmo e a configuração das cinco vias para a existência de Deus de Tomás de Aquino.

Na quarta parte, é oferecida ao leitor uma sistematização da abordagem fundamental da temática metafísica presente no pensamento moderno e contemporâneo, revelando todo o interesse de filósofos como Descartes, Kant, Schopenhauer, Nietzsche e Heidegger. Ao final, o texto contempla uma análise das mais recentes indagações que afetam, de um

---

* Em grego, πρώτη Φιλοσοφία.

modo ou de outro, o horizonte da reflexão metafísica, com destaque para as investigações levadas a cabo pelas neurociências e pela neuroética.

Enfim, esta obra constituiu-se um esforço notável e um valioso instrumento de trabalho aos estudiosos da filosofia. Por isso, é com enorme satisfação que a apresentamos ao público leitor.

Prof. Dr. Dilnei Lorenzi

Brasília, 1º de junho de 2015.

Universidade Católica de Brasília – UCB

apresentação

Este *livro foi* pensado e elaborado como uma introdução à **Metafísica**. A ideia central é apresentar e discutir temas que pertençam a essa disciplina – primordial desde suas origens –, procurando fazer com que você conheça os percursos históricos que caracterizaram a reflexão filosófica, seja para compreender o trajeto dos principais conceitos filosóficos, seja para criticá-los e revisitá-los. Se os aspectos históricos da filosofia merecem atenção, o caráter sistemático e temático não pode ser desmerecido e relegado a um material investigativo de segunda ordem.

Neste texto, optei por selecionar alguns temas e autores que marcaram a reflexão metafísica e que podem conduzir a reflexão de modo a permitir uma compreensão adequada. É importante salientar que outros temas e autores também poderiam ser adicionados. No entanto, os limites físicos de um trabalho como este exigiram uma tarefa ingrata de seleção, o que, inevitavelmente, fez com que uma parte altamente considerável de estudos tivesse de ser deixada de fora.

A pretensão desta obra é, desse modo, introduzir questões e autores que tratam direta ou indiretamente de temas metafísicos. Para cumprir com esta tarefa, considerei os seguintes critérios:

- Oferecer um panorama geral dos principais temas e tópicos da investigação metafísica.
- Apresentar a contribuição (e a crítica) dos principais filósofos que tematizaram o objeto de análise da metafísica.
- Aprofundar alguns tópicos da reflexão metafísica.
- Propor questões que possam colaborar para a retomada dos temas e autores analisados.

O texto está dividido em quatro partes – espero que essa divisão facilite a localização dos temas e autores que você pretenda investigar. A primeira intenção dessa divisão é, então, didática. A segunda motivação diz respeito ao desenvolvimento sucessivo das investigações no campo próprio da metafísica.

A sugestão é que o você se dedique a ler, inicialmente, as duas primeiras partes da obra, respeitando a ordem estabelecida. A primeira delas visa apresentar os principais temas, conceitos e problemas que compõem a reflexão metafísica, enquanto a outra tem como tarefa apresentar e discutir a contribuição que os gregos deram à investigação nesse campo.

Espero que você não considere exaustiva a segunda parte do trabalho e nem salte para a próxima. Isso porque ela pode ser considerada a base para a leitura e a compreensão das duas últimas partes.

Como os dois primeiros capítulos dizem respeito fundamentalmente a como Platão e Aristóteles empreenderam sua reflexão no terreno da metafísica, considerei importante apresentar as duas últimas partes do ponto de vista de diferentes autores. Acredito que isso possa auxiliá-lo a se posicionar diante dos temas analisados.

Você encontrará algumas citações no decorrer deste livro. Indiquei, na maior parte delas, a tradução em língua portuguesa. Não havendo indicações contrárias, as demais são de minha própria responsabilidade.

Considerando tudo o que foi explanado aqui, desejo a você uma excelente leitura!

*como aproveitar
ao máximo este livro*

Empregamos nesta obra recursos que visam enriquecer seu aprendizado, facilitar a compreensão dos conteúdos e tornar a leitura mais dinâmica. Conheça a seguir cada uma dessas ferramentas e saiba como estão distribuídas no decorrer deste livro para bem aproveitá-las.

Introdução do capítulo

Logo na abertura do capítulo, informamos os temas de estudo e os objetivos de aprendizagem que serão nele abrangidos, fazendo considerações preliminares sobre as temáticas em foco.

Para saber mais

Sugerimos a leitura de diferentes conteúdos digitais e impressos para que você aprofunde sua aprendizagem e siga buscando conhecimento.

Síntese

Ao final de cada capítulo, relacionamos as principais informações nele abordadas a fim de que você avalie as conclusões a que chegou, confirmando-as ou redefinindo-as.

Indicações culturais

Para ampliar seu repertório, indicamos conteúdos de diferentes naturezas que ensejam a reflexão sobre os assuntos estudados e contribuem para seu processo de aprendizagem.

Atividades de autoavaliação

Apresentamos estas questões objetivas para que você verifique o grau de assimilação dos conceitos examinados, motivando-se a progredir em seus estudos.

Atividades de aprendizagem

Aqui apresentamos questões que aproximam conhecimentos teóricos e práticos a fim de que você analise criticamente determinado assunto.

Bibliografia comentada

Nesta seção, comentamos algumas obras de referência para o estudo dos temas examinados ao longo do livro.

bibliografia comentada

AUBENQUE, P. Le problème de l'être chez Aristote. Paris: Presses Universitaires de France, 1962.
A obra de Aubenque é fundamental para a compreensão dos assuntos e dos autores que tratam de temas e problemas propriamente metafísicos. Recorrendo aos mais destacados investigadores de Aristóteles, Aubenque esmiúça, de forma magistral, o pensamento

introdução

Escrever *um livro* de introdução à metafísica é sempre uma tarefa arriscada: os riscos estão entrelaçados com as inúmeras controvérsias que reinam nessa disciplina. Além dos riscos, haverá sempre a expectativa de que se elabore todas as questões imagináveis e que o texto solucione todos os problemas formulados. Há ainda uma injustiça que inevitavelmente pode ser cometida em um texto como este: ao selecionar os temas e os problemas para sua composição, fatalmente inúmeros acabam sendo deixados à margem ou literalmente de fora da investigação. Creio, no entanto, que esses são riscos a que todo empreendimento histórico-filosófico está sujeito.

Uma vez que me empenhei em elaborar um texto que pudesse ser útil para o aprendizado e o domínio dos conceitos metafísicos, por meio da exposição de algumas doutrinas fundamentais, espero que você possa aproveitá-lo do melhor modo possível, questionando-o ao final.

É preciso ter em mente que uma investigação sobre Metafísica não pode prescindir de um tratamento de seus principais conceitos e noções e das diversas contribuições que possam aclarar o que esta disciplina realmente investiga. É isso que procuro tratar no primeiro capítulo deste livro.

O segundo e o terceiro capítulo se dedicam a esboçar como os pré-socráticos, Platão e Aristóteles, compreendiam o objeto da metafísica, bem como a analisar seus principais contributos. Essa será a maior parte do texto aqui apresentado. Ainda dedicaremos uma parte considerável a apresentar e a esclarecer os temas e os problemas que exigiram um posicionamento da filosofia medieval. A ênfase será dada ao pensamento de Boécio, santo Anselmo, santo Agostinho e santo Tomás de Aquino.

Na modernidade (e na contemporaneidade), depararemo-nos com a busca cartesiana de fundamentação do conhecimento em bases sob as quais possamos afirmar com "certeza" que sabemos algo. É justamente nessa transformação de objeto – da busca da verdade à busca da certeza – que nos depararemos com o pensamento moderno em suas origens. Encontraremos, ainda, a proposta de Kant de que é impossível conhecer a "coisa em si". Essa crítica virá acompanhada da reviravolta operada por Schopenhauer, ao afirmar a essência do mundo como **vontade** e extrair as possibilidades que daí possam ser alcançadas.

No rastro de Schopenhauer – e para além dele –, Nietzsche empreende uma radical forma de compreender a metafísica, interpretando as concepções metafísicas como expressões da vontade de poder, de triunfo. O autor tem como tarefa fundamental compreender o horizonte do ser como expressão do niilismo europeu que, nas palavras do próprio Nietzsche, configura-se como o mais sinistro dos hóspedes.

Por último, apresentarei os principais temas que ocupam a reflexão heideggeriana sobre o "ser". Numa tentativa de compreensão das sucessivas camadas de esquecimento a que foi submetido o ser, veremos como Heidegger propõe um modo inteiramente novo de entendê-lo. No horizonte da indagação fundamental, ou seja, a indagação pelo ser, Heidegger passa a entender a metafísica como a história desse ser e formula uma alternativa capaz de lidar com ele de modo mais fundamental.

É assim que inicialmente me proponho a apresentar e a analisar a Metafísica como disciplina filosófica, discutindo seus pressupostos e buscando compreender, por meio de uma perspectiva histórico-filosófica, sua natureza, seu alcance e seus limites. Isso poderá ser observado na última parte deste livro, quando apresento as considerações acerca das relações interdisciplinares entre filosofia e ciência. Ao final, ao discutir os avanços das neurociências e o surgimento da neuroética, pretendo situar a discussão, para além das discussões propriamente metafísicas.

1

As relações entre ciência e filosofia

discussão das relações entre filosofia e ciência, presente neste capítulo, pretende apresentar os elementos essenciais para que tal diálogo seja instaurado. Não se trata de privilegiar este ou aquele âmbito do saber, mas apresentar pressupostos que sejam comuns a ambos. Uma vez iniciado esse trabalho de aproximação, o texto conduzirá ao terreno da metafísica, pretendendo apresentá-lo como um caminho fecundo e propício para a reflexão de temas que são marcadamente filosóficos e, ao mesmo tempo, alvo do trabalho científico. Além disso, os objetivos deste capítulo são: exibir os pressupostos para a compreensão da realidade (o diálogo entre filosofia e ciência); mostrar as origens dos conceitos metafísicos fundamentais e explicitá-los; expor as tarefas empreendidas pela análise metafísica e introduzir o horizonte da reflexão histórico-filosófica sobre questões metafísicas.

Quem não conhece ou já não usou muitas vezes a expressão tão pitoresca: "Isso é conversa pra boi dormir"? Quando alguém fala muito e não diz nada; quando tenta enrolar, colocando mil palavras entre um simples "sim ou não"; quando promete algo sabendo de antemão que não conseguirá cumprir; quando, por um motivo qualquer, alguém conta vantagem do que fez (ou não fez, a não ser na sua própria imaginação), quase que de imediato ocorre-nos a dita expressão.

Não parece ser fácil encontrar a razão mais profunda desse dito popular. Mas isso não vem ao caso, pois não é o propósito aqui. O que nos interessa é explorar brevemente o delicioso conto ao qual podemos dar o título de "Conversas para homem acordar".

Na realidade, o nome do conto não é esse, mas, sim, "Conversa de bois". A história é de Guimarães Rosa, escritor mineiro, médico e diplomata, membro da Academia Brasileira de Letras (ABL) e uma das mais eminentes figuras da literatura contemporânea. Rosa, que faleceu em 1967, aos 59 anos, entre muitas outras qualidades, revela uma que é digna de ser mencionada.

Mesmo com toda a sua vasta erudição e sua ampla experiência no mundo dos homens, apesar de ter vivido nos círculos sofisticados da diplomacia internacional, apesar de seu gosto, por vezes, de um esmerado estilo conversacional, ele sabia **escutar** – e **transmitir** – a "voz das coisas", principalmente das coisas mais simples do campo, da mata, do rio, do pasto, dos animais. A "Conversa de bois", de Guimarães Rosa, encontra-se juntamente com outros contos regionais no livro *Sagarana*, sua estreia literária, publicado em 1946. É uma conversa sobre a qual vale a pena meditar. Nela, não há nada de "papo furado".

Neste livro, utilizaremos inúmeras vezes a palavra *coisa*. Esperamos que você possa entendê-la das mais diversas formas; mas, além disso, que relembre sempre dos múltiplos objetos que a todo instante chamamos de *coisa*: "aquela coisa", "esta coisa", "seu coisa", "quanta coisa", "inúmeras coisas", coisas, coisas, coisas! E pergunte-se: "Conseguimos, ao final, saber o que estamos designando e chamando de *coisa*? Conhecemos sua natureza, sua essência, sua substância? Somos diferentes ou apenas coisas?". Se, ao final (ou no início), pensar que somos coisas, temos alguma diferença das demais coisas do mundo?

1.1
Os pressupostos das relações entre ciência e filosofia

Levemos em consideração que seja adequado supor que toda pessoa sensata concorda – a menos que queiramos nos contentar com a simples constatação de fatos e com a coordenação estatística destes – que o pensamento humano é, essencialmente, filosófico (Husserl, 2002).

Quer dizer, o espírito humano, desperto e livre de preconceitos, não descansa em suas investigações até que não tenha descoberto as últimas causas do maior número possível de fenômenos. O pensamento deseja ir até as fontes do ser, quer conhecer as relações dos seres entre si e tende a unificar os seus conhecimentos isolados em uma síntese, em uma visão de conjunto. Todo o pensar humano procura refletir, criticamente, sobre o valor daquilo que elabora. Tudo isso é, precisamente, trabalho da **filosofia**. O cientista, portanto, para fazer jus ao seu nome, há de desejar a filosofia como aliada de suas pesquisas (pense que essa é uma suposição inicial de nossas reflexões).

Mas não é qualquer sistema filosófico que pode prestar esse serviço aos cientistas naturais e sociais*. É importante observar o erro de alguns que, generalizando injustificadamente as suas conclusões particulares,

---

* A diferença entre um cientista natural e um social se dá fundamentalmente quanto ao método e ao objeto de estudo. Enquanto nas chamadas *ciências naturais* têm-se a presença forte de aspectos quantitativos, nas ciências sociais os aspectos qualitativos prevalecem. Como exemplo de ambas, temos: ciências naturais (biologia e química); ciências sociais (antropologia, sociologia), entre outras.

fazem da própria ciência exata uma "filosofia" a seu modo. Eles tomam a parcela do "ser" que sua especialidade estuda como a realidade pura e simplesmente.

Além disso, a filosofia não pode, em absoluto, identificar-se com algumas das ciências particulares ou ser substituída por elas. A diferença entre os respectivos objetos e métodos da filosofia e das ciências "exatas" é profunda demais para se recorrer a essa solução simplista de identificar a ambas. As consequências de tal identificação nunca deixam de ser desastrosas. Os que pretendem reduzir toda a "visão do mundo" a uma das ciências "exatas" nos darão sempre uma apreciação insuficiente, unilateral, senão uma perspectiva totalmente equivocada*.

É extremamente difícil dizer, na prática, qual o sistema filosófico a que as ciências devem aliar-se. O que é certo é que a realidade é uma só, e também a "verdade" que dela conhecemos. Certo ainda é que um sistema filosófico, a fim de merecer a amizade das ciências naturais, tem não somente de dar uma explicação satisfatória e harmoniosa da realidade em toda a sua extensão, mas ainda estar permanentemente em contato com aquela realidade física, concreta, que sob outro ponto de vista as ciências também estudam.

Ora, a exclusão de "filosofias" chamadas *idealistas*, que desprezam essa realidade física, e do materialismo, que só reconhece a matéria e o seu movimento, até nos proporciona uma série de doutrinas filosóficas que nos dão conta da origem, da harmonia e das tendências dos seres; no entanto, não satisfazem o espírito inquieto por soluções mais profundas dos grandes problemas do universo e da vida, já que o modo

---

* O modo como nos referimos à sabedoria filosófica neste capítulo insere-se no contexto da explicação etimológica e se reporta a uma vinculação direta com a Antiguidade Clássica.

de se aproximar da realidade não serve tão bem a uma aliança com as ciências naturais e sociais.

Para dar um exemplo de como é possível unir o mais harmoniosamente possível a ciência e a filosofia, utilizamos a figura de Aristóteles.

Podemos discutir, talvez, o valor de algumas de suas conclusões científicas, e até duvidar de certas posturas filosóficas suas. O que não podemos negar é que a filosofia de Aristóteles é uma das mais "realistas", isto é, uma das que mais se atém aos fatos e que melhor procura explicá-los. Além disso, desde a Antiguidade até os tempos mais recentes, ele é um dos filósofos que mais se aproximam do ideal de valorização das ciências "exatas" dos nossos dias.

Figura 1.1 – Aristóteles (385 a.C.-322 a.C.)

Em sua pessoa, ciência e filosofia concluíram uma aliança perfeita. Parece que nunca uma afirmação do Aristóteles filósofo, ao menos no que concerne aos seus ensinamentos essenciais, teve de ser revogada por causa de uma conclusão do Aristóteles cientista, bem como nunca a ciência de Aristóteles foi distorcida ou desvirtuada por preconceitos filosóficos. Ao contrário, o trabalho científico do Estagirita* repousa, exclusivamente, na observação exata e na experimentação, que é, por assim dizer, o órgão controlador das conclusões científicas e da especulação filosófica, juntamente com uma confiança inabalável no poder das faculdades cognitivas humanas de apanhar a realidade tal

---

* Aristóteles nasceu em Estagira, na Macedônia, razão por que o filósofo é muitas vezes referido como Aristóteles, o Estagirita.

como ela é. O sábio, como Aristóteles evidencia, pelo seu exemplo e por seus escritos, é, ainda hoje, o ideal do filósofo e do cientista moderno.

Ao postularmos a união do trabalho científico à filosofia, não o entendemos no sentido de uma espécie de "imperialismo" filosófico. A "sabedoria" não quer lesar em nada os interesses e direitos da ciência. Aliás, é impossível a ciência e a sabedoria serem antagônicas, uma vez que investigam a realidade de dois lados completamente diferentes. O que acontece é que, no decorrer de seu trabalho, encontram esferas de interesse comuns, as quais podem e devem ser entendidas.

> *Para saber mais*
>
> *Para compreender a* impossibilidade de haver antagonismo entre sabedoria e ciência, indicamos a reflexão acerca da introdução da visão do sábio como cientista contida em:
>
> VAZ, H. C. L. **Escritos de Filosofia II**: ética e cultura. São Paulo: Loyola, 1993. p. 198.

Não fazemos esse apelo por motivos de vaidade filosófica: pode ser considerado moderno e sinal de uma mentalidade progressista adular as ciências; ou por motivos de praticidade, a filosofia poderia ganhar com uma aproximação às ciências. Na realidade, estamos mesmo convencidos de que o "modo filosófico" de encarar uma questão, mesmo em matéria de ciências naturais e sociais, é o modo possível mais plausível para que a razão encontre uma expressão condigna à sua nobreza.

1.2
Metafísica: origens

O termo metafísica surgiu durante uma discussão filosófica no século I da Era Cristã, quando os discípulos de Aristóteles catalogavam e editavam as obras do filósofo. Nesse sentido, a metafísica originou-se como decorrência de eventos inesperados. A própria palavra *metafísica* foi uma invenção de Andrônico de Rodes, como bem assinala Pierre Aubenque, em sua obra *Le problème de l'être chez Aristote* (O problema do ser segundo Aristóteles), de 1962.

Aristóteles, no entanto, jamais utilizou esse termo. Isso não significa que suas investigações não se detivessem no que depois se convencionou chamar *metafísica*. O nome que ele utilizava era *filosofia primeira* ou *teologia* (Aubenque, 2008). Para ele, a filosofia mais essencial, mais básica, é a filosofia primeira, a "*prote philosophia**", que visa investigar os princípios fundamentais de todas as coisas existentes. A filosofia segunda, de acordo com Aristóteles, seria a ciência natural. Sobre esse assunto, dedicou parte de seus estudos, tendo publicado uma obra que analisa a natureza e que recebeu o título *Physika*** ou, o que seria o mesmo, **Natureza**.

A tentativa de seus discípulos de organizar suas publicações os deixou diante de uma grande quantidade de textos. Os livros da filosofia primeira foram colocados depois dos livros dedicados à *Physika*, e isso fez com que os chamassem de "*ta me ta physika*" (aqueles que estão depois dos escritos sobre física, sobre a natureza). Foi desse modo que a palavra *metafísica* surgiu e permaneceu no discurso filosófico. Sendo assim, podemos compreender **metafísica** e **filosofia primeira** como palavras sinônimas, pois possuem o mesmo significado e o mesmo objeto de investigação.

Na visão de Jean Grondin (2006, grifo do original), a metafísica de Aristóteles pode ser:

---

* Em grego, πρώτη Φιλοσοφία.
** Em grego, Φυσικα.

Uma AITIOLOGIA *(uma teoria das causas primeiras e dos princípios)*, uma ONTOLOGIA *universal (introduzida como ciência do ser enquanto ser, e que deve tratar também dos grandes princípios do pensamento)*, uma OUSIOLOGIA *(uma teoria universal do ser em sentido pleno, isto é, da substância)* ou uma TEOLOGIA.

Nas palavras de Aristóteles (1998, p. 150), "há uma ciência que estuda o ser enquanto ser e os atributos que essencialmente lhe pertencem. Esta ciência não se confunde com nenhuma das denominadas particulares, porque nenhuma das outras ciências se ocupa em geral do ser enquanto ser".

Cauteloso no tratamento das questões que envolvem a busca da ciência fundamental, Aristóteles não despreza, em nenhum momento, os demais aspectos da realidade. Isso poderá ser observado no decorrer desta obra.

1.3
A realidade ou o "ser": apresentação dos principais conceitos metafísicos

Depois dessa apresentação preliminar, iniciaremos um exame mais detalhado das relações entre a filosofia e a ciência. Lembremos mais uma vez o nosso tema inicial: a ciência como um diálogo entre a inteligência e a realidade (Zilles, 2002) – e acrescentamos, ou melhor, explicamos: esse diálogo precisa ter, necessariamente, um caráter filosófico, sob pena de ficar muito aquém da dignidade dos interlocutores. Para melhor compreendermos esse diálogo, deixemos que os interlocutores nos apresentem e nos expressem algo a respeito dos pressupostos de seu diálogo, sobre o modo de proceder e sobre os resultados que dele esperam.

1.3.1 O conceito de "ser"

Os **"seres"**, ou o que geralmente chamamos *realidade**, sempre nos aparecem, em primeiro lugar, sob seus aspectos secundários. No fundo, porém, antes de possuírem estas ou aquelas qualidades químicas ou propriedades físicas, antes de se manifestarem de tal ou qual maneira superficial, antes de serem nocivos ou úteis, eles são, simplesmente, o que seu nome indica: *ser*. Esse termo implica tamanha riqueza que se poderiam escrever volumes inteiros sobre o seu significado. Vamos resumir, o mais brevemente possível, o que ele contém.

A realidade, a que temos de fazer, puramente **é**! Não é uma tautologia vã e sem sentido dizer isso? Vejamos:

Ser significa duas coisas:
1. **"algo"**, uma essência que
2. **"existe"**.

Estamos acostumados a designar as coisas como **"seres"** sem mesmo nos darmos conta, às vezes, do significado mais óbvio dessa palavra. Tomamos conhecimento de que algo **"existe"**, sem nos preocuparmos com o sentido mais profundo do fato de existir, e falamos em **"natureza"** ou **"essência"**, para logo nos esquecermos dela e falarmos de outra coisa mais palpável. Entretanto, tudo o que se possa dizer, sobre o que for, está dentro do âmbito do "ser" e tem um nexo íntimo com um destes dois aspectos do ser: a essência ou a existência.

A **essência** é o que se pode chamar de *núcleo metafísico do real*. Por ela, cada coisa ocupa seu lugar determinado na hierarquia dos "seres". É ela que marca o seu valor intrínseco e que está na base daquelas perfeições

---

* Na obra *Conocimiento del ser*, Joseph de Finance (1971, p. 10), chama *ser* aquilo que faz com que a realidade ou o concreto seja o que efetivamente é, ou seja, a realidade, o concreto.

que a filosofia designa pelo nome de *propriedades*. É dela, ainda, que floresce a atividade própria de cada "ser", pois, longe de constituir algo rigorosamente estático, o ser é essencialmente dinâmico.

A essência contém em si inúmeras "virtualidades" que desejam ser atualizadas, tanto por dentro quanto por causas extrínsecas. Elas devem sempre agir em conformidade com as tendências inatas na "essência", que, sob esse ponto de vista, é chamada *natureza da coisa* ou *das coisas* – enquanto é considerada como princípio de sua atividade e também daquilo que "padece". Sobre a **existência**, veremos alguns aspectos na sequência.

1.3.2 Os conceitos de substância, essência e existência

Há dois axiomas filosóficos que nos dizem o seguinte: 1) "o ser é o que todos desejam"; 2) "o agir segue o ser". Pelo que acabamos de ver sumariamente a respeito da essência, podemos dizer que o primeiro sentido desses axiomas é: todo ser procura conservar a integridade de sua essência e atualizar as potencialidades de que ela é a raiz. E o segundo sentido é de que não há ação nem passividade. Sintetizando: não há fenômeno algum que não se ligue, de uma forma ou de outra, à essência ou à natureza das coisas. Cada coisa age e padece conforme o que ela é.

Nessa realidade terrestre que vemos – é só dela que desejamos falar, e não do mundo dos puros espíritos e do Ser divino –, a essência ou natureza nunca se acha só, em estado puro. Ela é uma espécie de ser-padrão concretizado ou realizado nos indivíduos. Nós a encontramos inextricavelmente ligada a certos caracteres particulares que, em última análise, provêm do fato de a essência estar submersa na **matéria**, na extensão e em tudo que daí se deriva, principalmente o **espaço** e o **tempo**. É pela matéria quantificada que vários indivíduos podem representar a mesma natureza comum, e é ainda por meio dela que os seres exercem, em particular, sua atividade, assim como recebem, por intermédio dela, a atuação proveniente de causas extrínsecas.

O que falamos até agora sobre a essência corresponde, em seu sentido mais próprio, àquele ser que em filosofia se chama *substância*, isto é, àquilo que subsiste sem necessitar que outro o suporte. Ao lado desse ser propriamente dito há uma série de qualidades a que, embora reais, aplica-se o nome *ser*, por uma espécie de metonímia. São entes secundários, inerentes ao ser primário, que é a substância, e que não podem existir separados dela. Essas realidades são denominadas *acidentes*.

Aristóteles e os escolásticos conhecem nove categorias de acidentes, sendo as principais a quantidade (extensão), as determinações qualitativas, a relação, o agir e o padecer. Um acidente pode estar unido à substância de modo permanente, como propriedade, de certa maneira "necessária", sem, entretanto, ser idêntico à substância.

À "natureza", com suas excelências essenciais, suas propriedades nativas e inalienáveis, suas potências passivas e ativas, sua individualização e independência, compete uma perfeição, que é a mais importante de todas e que confere realidade na plena acepção da palavra: a **existência**. Por ela, a essência está real e fisicamente presente no mundo das coisas. A essência dá à coisa o "ser tal" e faz com que ela seja algo, e não um nada. Pela existência, esse "algo" é real e definitivamente oposto ao "nada"*.

A existência é a coroa de todas as perfeições entitativas, isto é, daquelas que a essência possui necessariamente e desde a sua origem. Está também na raiz de toda a atividade e das perfeições que dela resultam. Quer se trate da natureza simplesmente, desse ser-padrão de que falamos, quer se trate da natureza individualizada (aliás, é só esta última que pode

---

*   Esse é um dos problemas que será alvo da reflexão filosófica ocidental. Veja-se, por exemplo, as interpretações de Nietzsche, Heidegger e Sartre. Os dois primeiros serão analisados na última parte deste livro.

realmente existir), dizer que ela existe é atribuir-lhe a sua consistência definitiva, é tornar vivo todo o seu dinamismo. A essência possui as suas perfeições, por assim dizer, *de jure* (na teoria); a existência lhes confere *de facto* (na prática).

Sendo a existência a maior das perfeições, todos os seres a **amam**, todos temem perdê-la e relutam contra o que a ameaça. Por isso, os axiomas mencionados anteriormente ("o ser é o que todos desejam" e "o agir segue o ser" (*agere sequitur esse*) valem principal e propriamente para os seres existentes. Cada coisa tende a conservar sua existência, e cada uma nos manifesta a sua natureza, age e recebe novas perfeições enquanto existe.

Essência e existência formam um todo, o ser real. Sendo assim, o existir é o ato por excelência dos seres. Estes se nos apresentam como limitados: em primeiro lugar, porque cada essência de si realiza apenas uma parte das perfeições possíveis em um universo como o nosso; em segundo, porque as essências estão emaranhadas na matéria, que é princípio de geração e de corrupção e, em geral, de tudo que é potencialidade. Ora, quem diz *potencialidade*, diz *limitação*.

É a limitação da essência, aliás, que faz com que o existir não lhe possa simplesmente ser idêntico. A existência, por si só, é pura perfeição, sem nenhuma potencialidade. Podemos dizer que alguma coisa existe ou não existe. Não há meio-termo entre os dois.

Se essência e existência fossem a mesma coisa, então, ou a essência seria também pura perfeição (o que manifestamente não é o caso), ou a existência deixaria de ser puro ato. Nesse caso, não seria última perfeição, seria o mesmo que dizer que a existência é capaz de acréscimo ou de diminuição; que determinada natureza, em dado momento, existe mais e, em outro, menos.

Identidade entre *ser* e *existir* só pode haver quando há uma essência ou natureza em si mesma infinita. Nessa realidade terrestre, finita, o ato de existir é, por assim dizer, emprestado à essência, participando ele da limitação desta. Mas, ainda assim, devemos dizer que a essência pode se tornar mais perfeita ou menos perfeita, e a existência permanece a mesma.

O existir, cerceado de certo modo pelos limites da essência, não admite divisibilidade. Quando falamos de uma existência no espaço e no tempo, fazemos apenas para compreendê-la melhor. De fato, porém, espaço e tempo não a medem intrinsecamente. A existência é, antes de tudo, a duração intrínseca da realidade, e como tal, algo contínuo, que não se deixa parcelar por uma aferição às divisões do espaço e do tempo.

De outro ponto de vista, a existência é indivisível, ou seja, ela afeta imediatamente o todo, por mais partes que este tenha. Não imaginemos que a existência de uma coisa é simplesmente coexistência, a soma das existências de suas partes. O existir pertence ao todo e é a conexão mais firme que garante a perfeita e última unidade do ser.

Com isso, chegamos a certas propriedades que emanam diretamente do fato de a realidade "ser" e que convém a todos os seres. São, portanto, **"propriedades transcendentais".**

Primeiramente, todo o "ser" é um. Já por outra parte da essência ou natureza, mesmo que esta seja composta, metafisicamente, de um elemento genérico e um específico, temos sempre uma coisa só a fazer. Assim, o ser humano, composto de animalidade (elemento genérico) e racionalidade (elemento específico), constitui uma substância, indivisível na realidade homem. Também a composição "essência e existência" não impede que o ser existente forme um todo inseparável. Destruindo-se a existência, acaba o ser, cuja essência passa para o domínio do meramente possível.

E, finalmente, com respeito às propriedades das coisas (essas propriedades são acidentes que a acompanham sempre e em caráter necessário) e das notas individuais, o ser se nos apresenta como um. Mesmo os acidentes passageiros, que em dados momentos podem afetar o ser para depois desaparecerem ou serem substituídos por outros sem que a essência sofra alteração, são recebidos dentro de uma unidade. Isso ocorre uma vez que a substância lhes oferece o suporte ontológico e, especialmente, enquanto a existência ou duração continuada e intrínseca da coisa os liga a esta.

Da unidade do ser se deriva uma propriedade a que poderíamos chamar de *ser outro*. Já vimos como todo o "ser" é oposto ao "nada". Comparando os seres entre si, cada qual se apresenta não somente como **um**, mas também como **único**. Mencionamos o fato de haver essências ou naturezas diferentes, irredutíveis umas às outras e com propriedades inalienáveis. Mas não é somente a natureza comum que é assim irredutível: cada natureza individual, subsistente, tem sua autonomia, sua esfera, dentro da qual cada uma exerce, a seu modo, o ato de existir e a sua atividade.

Não obstante a essa irredutibilidade, essa nitidez com que se distinguem os seres, observamos no mundo das coisas uma harmonia perfeita. Aos olhos do observador despreocupado, a ordem dos seres múltiplos se apresenta como algo extremamente belo: é como se fosse um mosaico em que nenhuma peça poderia estar faltando. Na verdade, é mais do que um mosaico, porquanto cada peça por si só poderia também ser bela, oferecendo aos olhos do espectador uma harmonia agradável.

Mas não é apenas do ponto de vista estético que o universo é harmonioso. É, antes de mais nada, uma harmonia cheia de sentido. Falamos de "valores" e da hierarquia deles. No mundo, exprime-se essa hierarquia naquilo que chamamos de ***teleologia***: "cada coisa tem a sua finalidade".

Os seres "inferiores" acham sua perfeição existindo para outros, mais perfeitos que eles.

Para saber mais

Sobre a afirmação de que o universo contém uma harmonia cheia de sentido, indicamos a página 130 da seguinte obra: LADRIÈRE, J. **Os desafios da racionalidade.** Petrópolis: Vozes, 1979.

Haveria, portanto, um intercâmbio constante entre os diversos seres: cada qual representa um valor, ou conjunto de valores, em si mesmo e com relação a outros. Esses valores não são outra coisa além da expressão daquilo que ficou denominado como *bondade* ontológica das coisas. Tudo o que se acha em uma natureza, a começar pelas perfeições secundárias até o **núcleo metafísico**, que é a essência e a própria existência das coisas, são outros tantos bens ou valores, objeto de amor por parte de seu portador, ao mesmo tempo que servem, de uma forma ou de outra, à perfeição de outros seres e do universo. É por isso que a filosofia nos diz que os seres são bons (ontologicamente) enquanto possuem o ser, principalmente o ser da existência; vice-versa, podemos dizer que é a bondade das coisas que constitui a razão de ser intrínseca delas.

A unidade do ser, o estar perfeitamente autônomo, "fechado" em si, possui suas perfeições de maneira absolutamente própria – esse fato, de um lado, e a harmonia dos seres, de outro, indicam-nos que em tudo isso há um plano, e um plano inteligente. Não somente o universo como tal, mas sim cada coisa em particular obedece a esse plano – é imagem de uma ideia. Uma vez que um ser corresponde perfeitamente a essa **ideia**, dizemos que ele é **verdadeiro** não no sentido lógico, mas ontologicamente.

A verdade ontológica de uma coisa não é senão a completa concordância com o que ela deve ser, ou seja, com o plano segundo o qual foi feita. É precisamente esse plano de organização metafísica que, em última análise, a inteligência procura descobrir. Ao descobri-lo, dizemos que a verdade ontológica do objeto causa em nós a verdade lógica, isto é, uma concordância intencional entre a realidade e o nosso intelecto*. Dizemos "intencional" em um sentido todo próprio, epistemológico: o conceito, que se espelha em nós (que somos a realidade), aponta ao objeto. Nós entendemos realmente a coisa, não o conceito, que não passa de simples meio de conhecimento. Ou, em outros termos: o que a inteligência vê é o conteúdo objetivo do conceito, não a sua forma (subjetiva).

Do que foi dito até agora, torna-se evidente que tanto é mais "verdadeiro" o nosso conhecimento quanto mais a inteligência se aproxima do plano central, intrínseco, da organização metafísica de um ser. Da mesma forma, que é tanto mais difícil conhecer a "verdade" quanto mais se trata de fenômenos que não fazem parte propriamente da estrutura íntima da **coisa**, ou seja, que são mais ou menos passageiros e superficiais.

O ser até aqui descrito, que é o objeto sobre o qual a nossa inteligência trabalha, do qual ela estuda os diversos aspectos, se nos apresenta, como afirmamos, sob suas manifestações secundárias. A maior parte das pessoas tem uma noção vaga, confusa, de sua constituição metafísica. É só com muita dedicação que chegamos a compreendê-la, e mesmo assim, mesmo quando o ser se nos revela um pouco mais, quando temos uma espécie de **"intuição"**, estaremos sempre diante de um mistério que escapa à nossa análise meramente circunstancial.

---

* É nesse sentido que compreendemos a afirmação de Heidegger (1998, p. 42): "Sem dúvida, pertence a seu ser mais próprio (da presença) dispor de uma compreensão de si mesmo e manter-se desde sempre em uma certa interpretação de seu ser".

Embora versemos sobre a noção primordial de nosso pensamento precisamente porque se trata da noção fundamental, é só balbuciando que podemos falar do ser. Não conseguimos explicá-lo ou defini-lo, uma vez que parece intraduzível no vocabulário ordinário. Não podemos, evidentemente, explicá-lo pelos fenômenos secundários – estes devem ser elucidados pelo ser – nem o podemos provar, tampouco, por alguma coisa mais fundamental que ele, pois tal coisa não há.

Deveríamos, agora, dizer alguma coisa sobre esse domínio particular do ser que se chama *vida*. Porém, para o nosso propósito, basta indicar que nos seres vivos encontra-se, de um modo todo especial, tudo o que dissemos a respeito do "ser" em geral. A unidade da natureza e da operação, a continuidade da existência, o bem, a verdade e o **ser outro** se acham nos viventes de uma maneira muito mais perfeita que no mundo inorgânico. A tendência de conservar o ser, de protegê-lo e de aperfeiçoá-lo é mais manifesta e encontra nele uma expressão *sui generis* no instinto de conservação da espécie. Ela compensa, até certo ponto, a impossibilidade de perpetuar o **ser próprio**, individual, desejo esse que, segundo alguns filósofos, é inato a todo ser.

É importante citar alguns axiomas que os escolásticos aplicam à natureza, isto é, à essência considerada como princípio de atividade e passividade, conforme vimos, mas que podemos aplicar também à natureza como conjunto de seres naturais que constituem o universo, particularmente a natureza viva.

Vejamos este axioma: "*natura non facit saltus*" (a natureza não dá saltos). Qualquer biólogo poderá confirmar que a vida não produz nada violentamente, que todos os fenômenos são "preparados" meticulosamente e que, mesmo mutações que nos parecem bruscas, não deixam de ser fruto de constante amadurecimento, e não simplesmente aparições novas.

Agora vejamos este: "a natureza opera sempre de um mesmo modo, a menos que encontre obstáculos". Aplicado aos seres vivos, esse princípio dirime em grande parte a questão sobre "determinismo ou indeterminismo" biológico. Embora o vivente tenha em si a tendência de agir uniformemente, "necessariamente", o ambiente, as condições mudadas podem fazê-lo mudar de rumo. Mas a "vida" sempre atualiza aquelas energias, afinal, ela sempre há de selecionar meios que lhe convêm para se conservar e intensificar.

Juntamente com esse princípio, há outro, igualmente importante, que o poeta latino Horácio exprime nas seguintes palavras: "você pode expulsar a natureza com um forcado, mas ela continuará retornando". A natureza, especialmente a viva, não se deixa prescrever a sua rota facilmente. Ela, com o tempo, se vingará de toda situação artificial, de toda violência praticada contra ela.

Santo Tomás de Aquino estabelece ainda o seguinte princípio: a natureza inferior serve como meio à perfeição da natureza mais elevada, na qual, por sua vez, encontra a sua última perfeição. Esse princípio também é muito importante para o estudo da biologia e das ciências anexas.

Poderíamos citar uma infinidade de axiomas. Contentemo-nos, porém, com esses poucos e com a perspectiva muito sumária que demos a respeito do ser. Passemos a consultar, a partir de agora, o outro interlocutor do nosso diálogo: a **inteligência**.

1.4
A inteligência e a realidade

O *ser contingente,* de perfeição limitada, de existência participada, precária, aponta, além de si mesmo, a um Ser infinito, necessário, imutável. Sua "bondade ontológica", sua "verdade" e a ordem e a harmonia do universo nos obrigam a concluir pela existência de um "Ser" sumamente perfeito, que não está entrosado com o maquinismo desse universo finito.

No entanto, como aqui nosso intuito não é fazer "teologia natural", deixemos de lado essa ideia, mencionando-a apenas brevemente para orientação daqueles que desejam penetrar mais profundamente no mistério do "ser". Passemos logo a outro aspecto que nos interessa mais de perto e a natureza, todo o ser material, aponta além dele mesmo em outro sentido: o **ser humano**.

Vamos partir do pressuposto de que o ser humano representa um valor muito mais elevado que todo esse universo material. Não fazemos essa consideração pelas suas "perfeições" secundárias – já que há seres muito mais perfeitos do que ele, sob muitos pontos de vista – nem pela sua "existência" – esta é, talvez, a mais precária, sujeita a piores revezes que a de muitos seres materiais e menos duradoura que eles. Se dissermos que o homem é a "coroa do universo" é devido ao **espírito**, por meio do qual ele transcende toda a criação material. E é nesse sentido que podemos afirmar, corroborando Aristóteles e santo Tomás, que todos os seres servem, de um modo ou de outro, à perfeição do homem – alguns para o seu bem-estar material, outros para o aperfeiçoamento espiritual.

Há, entre todas as relações da criatura inferior ao ser humano, uma que tem particular importância: o homem pode e deve, pelo conhecimento e pelo amor, reconstituir em si a ordem dos seres e enriquecer, assim, a vida de seu espírito. Se o conhecimento que os animais podem possuir serve apenas para as necessidades imediatas da vida, o homem é um ser essencialmente orientado para a "verdade". Sua contemplação, segundo o Estagirita, constitui a sua suprema felicidade, a qual há de ultrapassar os limites da existência finita.

Além da inteligência, o homem possui uma faculdade de "valoração" pela qual ele afirma, procura e realiza o bem: a **vontade**. Apreciamos os seres na sua hierarquia objetiva, procurando-os e usando-os de acordo com ela. Conforme os ditames de sua própria consciência, o ser humano realiza a sua finalidade, que é a **perfeição moral**.

Teoricamente, a esfera da inteligência pode e deve ser separada da esfera da valoração. É perfeitamente possível encontrar um homem que apenas conhece a "realidade objetiva", isto é, o ideal da ciência "pura": excluir da especulação toda a subjetividade. No entanto, na prática, sempre haverá atrás, nos bastidores, uma "concepção de mundo" desempenhando um papel; e o trabalho "puramente científico" de alguém, em última instância, terá sempre o valor que tem a sua "concepção de mundo".

Antes de examinarmos o intelecto e seu funcionamento, cumpre-nos dizer alguma coisa sobre o conhecimento em geral. Diz-nos Aristóteles que, pelo conhecimento, a alma vem a ser, de certa maneira, todas as coisas. Mas o Estagirita, no seu contexto, fala em primeiro lugar da alma intelectiva. Assim, ele nos deu, com este "vem a ser todas as coisas", a nota característica de qualquer conhecimento.

O conhecimento não é fruto de uma ação exclusiva do indivíduo, mas uma disposição em adquirir o saber, o conhecimento. Em linguagem filosófica, podemos dizer que as faculdades cognoscitivas são "potências passivas", mas não, evidentemente, no sentido de não poder exercer alguma atividade por parte do cognoscente. Às vezes, tal atividade é necessária como preliminar ao conhecimento propriamente dito, e também é necessário dizer que o cognoscente é, realmente, a **causa** eficiente de seu ato de conhecer. No fundo, esse ato não visa a algum efeito fora dele mesmo e distinto de si; conhecer é o que se chama de *atividade imanente*, um devir perfeito da própria potência cognoscitiva.

Para refletir

Como ocorre a atividade que chamamos *conhecimento*?

O primeiro passo para se conhecer alguma coisa é deixar-se "impressionar" pelo objeto. Não se trata, aqui, de uma impressão física, embora tal impressão possa também pertencer ao número das condições preliminares do conhecimento. Dessa maneira, por exemplo, o nosso olho recebe os raios luminosos da mesma forma que uma chapa fotográfica os recebe. No entanto, dizemos que um "vê" e o outro (a chapa) não. A diferença consiste no fato de que a chapa recebe apenas a impressão física, enquanto o olho tem, além disso, uma aptidão de receber o ser, a atualidade do objeto. Essa forma ou imagem do ser visível faz com que o olho vá de maneira imaterial à coisa vista.

O conhecimento é, pois, uma interpretação *sui generis* do sujeito cognoscente e do objeto conhecido. Cada qual fica com o que é, fisicamente, e, sem embargo, há entre eles identidade intencional no ato de conhecer. O objeto, inalterado quanto à sua realidade material, adquire uma realidade nova na potência cognoscitiva. Ele é recebido nessa potência como estranho ao cognoscente, na sua própria objetividade; no entanto, torna-se posse íntima do sujeito pelo fato de lhe atualizar a faculdade de conhecer.

Para saber mais

Para mais informações sobre a identidade intencional no ato de conhecer, sugerimos:
SOUZA, F. de P. Empirismo e metafísica. **Reflexão**, n. 61, p. 11-35, jan./abr. 1995.

O conhecimento é um dos fatos primários que não se pode, propriamente, explicar ou provar, porque toda a explicação já supõe que dele se tenha uma noção. Igualmente, é impossível provar, estritamente falando, a veracidade do conhecimento. Mas também não é necessário:

basta apelar ao bom senso para logo se ver que todo esse aparelho de faculdades cognoscitivas não pode ter o sentido de nos enganar a respeito da realidade. De outra maneira, devemos negar que haja ordem nas coisas e nos calar, porque não temos direito sobre os outros de que estes nos escutem nem a certeza de que eles nos compreendem.

1.5
As faculdades cognoscitivas

A experiência nos atesta que há, no ser humano, duas espécies de faculdades cognoscitivas e, portanto, dois tipos de conhecimento fundamentalmente diferentes: a **sensação** e a **intelecção**. Podemos dizer que a enumeração que nos dá Aristóteles e a filosofia escolástica – de cinco sentidos externos e quatro internos –, embora incompleta, tem ainda hoje o seu grande valor.

Isso acontece principalmente por duas razões: a primeira dispõe que a psicologia moderna só pode confirmar a distinção profunda, estabelecida por Aristóteles, entre a sensação externa, que entra em contato direto com a realidade material, e a sensação interna, que trabalha sobre os dados fornecidos pela primeira. A segunda diz que são particularmente os sentidos internos que servem, diretamente, como ponto de partida para o conhecimento intelectivo.

Temos aqui a fantasia, ou imaginação, e o que os escolásticos chamam de *razão particular*, isto é, aquela faculdade que é uma espécie de força configuradora. Ela reúne todos os dados isolados da sensação externa e interna em um corpo único, possibilitando nos assemelharmos à substância da coisa, em sua concretização última (não a "substância" como cerne metafísico e o suporte para as determinações acidentais – esta é objeto, exclusivamente, da inteligência).

Devido à ligação direta das potências sensoriais internas ao intelecto, podemos dizer que o funcionamento dele, embora seja uma faculdade espiritual e independente da matéria, está em proporção ao bom funcionamento das ditas potências.

Ainda em outro ponto, a filosofia de Aristóteles parece ter razão na sua doutrina do conhecimento sensitivo. Todas as potências sensoriais, também internas, têm a sua sede em algum órgão. Estamos, hoje, graças à psicologia experimental e à fisiologia e cirurgia do cérebro, em condições de localizar exatamente os diversos centros das sensações. Nesse sentido, vemos que o filósofo de Estagira não esteve muito longe da verdade nas suas descobertas.

O fato de os sentidos estarem intimamente ligados ao organismo é de suma importância para o conhecimento humano em geral e a ciência em particular, pois é essa a razão pela qual toda a sensação, mormente a dos sentidos externos, ser fragmentária. Todavia, pelo mesmo motivo ela pode ser uma fonte de erros: uma lesão orgânica pode impedir o funcionamento normal do sentido, transmitindo às faculdades superiores elementos que não correspondem à realidade objetiva.

Segundo o tradicional ditado *"Nihil est in intellectu quod prius non fuerit sensu"* (não há nada no intelecto que não tenha passado pelos sentidos), a sensação e a intelecção não são paralelas no homem. O conhecimento sensitivo humano está inteiramente orientado para a intelecção, assim como esta, por sua vez, pode dirigir a sensação, seja por meio da razão particular, seja por meio da vontade. Aqui, podemos apelar também à experiência interna de cada um, a fim de percebermos que tal união é a mais condizente com a nossa organização psicológica. Seria um despropósito, na acepção própria da palavra, se a alma intelectiva, espiritual, estivesse substancialmente unida ao organismo, sem que este contribuísse à perfeição do mesmo espírito. E o organismo o faz, justamente, pela sensação.

O que mais interessa é o **como** da união sensação-intelecto. Por mais herético que pareça, todas as nossas ideias, mesmo as mais elevadas, têm origem na sensação, como já dissemos, ao citar o dito de Aristóteles. Todos os nossos conceitos são abstratos, isto é, são ganhos com base no sensível, na matéria. As realidades que estão acima do material e acima de nós mesmos só são conhecidas nesses conceitos oriundos da sensação.

Para refletir

De que modo, então, se processa a **abstração**?

Como já indicamos, os sentidos externos nos fornecem aspectos parciais do "ser", os quais estão, por assim dizer, na superfície. O sentido comum faz com que a sensação externa se torne, de algum modo, consciente. Sua função é o que os filósofos e pensadores modernos chamam de *apercepção*. Ao mesmo tempo, esse sentido reúne os diversos fragmentos que os sentidos externos apanham.

A **fantasia** (não se trata, aqui, do dom de inventar fábulas ou da fantasia criadora do artista, mas simplesmente de um poder de conhecer – de um modo especial – a realidade) e a memória, de impressões anteriormente recebidas e armazenadas, completam o quadro, localizando-o no tempo e no espaço. Finalmente, a "cogitativa" ou "razão particular" percebe-o como um todo, dando-lhe a sua consistência.

Nesses dados, assim reunidos, o intelecto lança uma "luz", que atravessa tudo o que é material, concreto, para chegar à estrutura íntima da coisa, à essência, subjacente às diversas determinações relatadas pelo sentido. A função do intelecto é ***intus legere***, ou seja, ler o que está dentro do objeto analisado. Isso só é capaz graças à abstração. O que a razão "cogitativa" ou "razão particular" (que é uma faculdade sensorial) lhe representou como um todo concreto, o intelecto ainda percebe como um todo, mas desconcretizado.

Depois de ter abstraído a essência de suas determinações materiais e passageiras, o intelecto a contempla na sua pureza e simplicidade, porém não sem um olhar controlador sobre a imagem sensorial de que a abstraiu nem sem a perceber como universal, ou seja, comum a todos os seres representados do mesmo modo. Quando a contempla, o intelecto forma o **conceito**, que é uma espécie de "expressão", ou palavra interior, de que a palavra falada é apenas símbolo.

O nosso modo abstrativo de conhecer certamente é um modo muito imperfeito. Embora partamos da realidade material, concreta, individual, temos de deixá-la atrás, pois é complicada demais para a nossa inteligência limitada. Podemos, sim, formar "conceitos" separadamente por **cor**, **extensão** etc., mas serão sempre ideias abstratas. É impossível concebermos em uma única visão intelectual todo o congraçamento concreto desses caracteres. Só poderíamos fazê-lo se fôssemos nós a causa exclusiva dessa concretização.

Assim, o artista tem uma ideia da estátua *in concreto*, e não apenas de uma estátua "comum", abstrata. Na presente ordem das coisas, na qual o intelecto humano, em vez de ser causa, é receptivo, o objeto se comunica a ele. Para conhecer, pois, a individualidade como tal, seria preciso que esta se comunicasse à inteligência.

Santo Tomás, seguindo Aristóteles, faz ver a cada passo a limitação do intelecto humano, afirmando insistentemente

Figura 1.2 – Santo Tomás de Aquino (1225-1274)

a necessidade da abstração e o fato de o intelecto ser "medido", isto é, passivamente determinado, impressionado, pela coisa. Afirmando os limites da inteligência, esses filósofos realmente defendem a sua verdadeira grandeza: o intelecto, em vez de perder-se no labirinto das determinações individuais, indo diretamente ao núcleo do ser, ao que é essencial.

Dizer que o intelecto pode ter uma "intuição" do individual não corresponderia aos fatos – seria "materializá-lo", desperdiçar suas forças. Do mesmo modo, atribuir ao intelecto "ideias inatas", como alguns filósofos o fazem, diminuiria seu valor, em vez de aumentá-lo.

Pelo fato de abstrairmos nossos conceitos com base no sensível, temos um controle perene de estarmos em contato com a realidade existente, o qual nos faltaria se nossas ideias viessem de fora, sem nossa colaboração pessoal. Em suma, o conhecimento abstrativo é, de um lado, incompleto; de outro, porém, atinge o fundo da realidade. Não é, de nenhuma maneira, "irreal". É nesse sentido que se pode afirmar que *"abstrahentium non est mendacium"* (conhecer abstrativamente não é errar).

Não dizemos que abstrair um conceito claro e distinto seja tarefa fácil. Para alcançar o núcleo do ser, ou seja, para conhecer a essência de uma coisa, às vezes são necessárias inúmeras operações sensoriais e intelectivas – e são poucos os que chegam verdadeiramente a ter tais conceitos claros e distintos da realidade. A maioria conhece, de maneira confusa, apenas aquilo que lhes serve para os fins mais imediatos da vida.

Não dizemos, porém, que abstrair um conceito e reconhecer a essência representada nesse conceito já é um *saber*, no sentido próprio da palavra. Esse saber, antes, exprime-se no juízo, quando afirmamos a existência de alguma relação entre a essência conhecida e determinado predicado. Pelo juízo, restabelecemos, de certa maneira, a ordem existencial que havíamos deixado de lado ao abstrair o conceito.

Entre os diferentes tipos de juízo, merece nossa maior atenção o **juízo científico**, que consiste em estabelecer uma relação entre o sujeito e o predicado, como entre causa e efeito. De fato, só conhecemos uma coisa cientificamente quando sabemos o seu porquê; e tanto mais a conheceremos quanto mais próprias forem as causas que descobrimos e quanto mais completo for o inventário das relações causais que nosso intelecto consegue fazer.

Há juízos que se tornam evidentes imediatamente, ainda que raramente; há outros, porém, que necessitam de demonstração. O processo intelectivo chamado *argumentação* parte sempre de algo mais conhecido ou mais acessível à nossa inteligência, para tornar patente (demonstrar) o que é desconhecido.

Enquanto nossa memória intelectiva cria os argumentos e as conclusões de tal maneira que seja fácil usá-los para entrever as relações causais que podem afetar um objeto, dizemos que o intelecto possui o "hábito" da ciência – uma segunda natureza que se adquire pelo estudo e pela disciplina mental.

Do ato de saber, que se exprime no juízo, e do saber habitual, ou ciência em sentido subjetivo, extraímos ainda a ciência como sistema, ou ciência em sentido objetivo. Um sistema científico não é outra coisa senão a concatenação de toda uma série de definições, demonstrações, conclusões, hipóteses e axiomas, segundo determinado "método" e tratando de determinado objeto. É nesse sentido que geralmente se fala hoje em "ciência".

Todos os três significados da palavra *ciência* têm uma coisa em comum: a de que procura sempre exprimir seu conhecimento por meio da relação entre causa e efeito; e a condição indispensável é que seja sempre um conhecimento "certo" e "evidente", ou seja, que do ponto de vista lógico haja estrita consequência das operações cognoscitivas e que do ponto de vista objetivo ou ontológico seja manifesta a concordância entre o conhecimento e a realidade.

Há tantas ciências quantos aspectos diferentes que a inteligência pode descobrir no ser. Examinaremos aqui apenas as diferenças que existem entre a filosofia e as ciências naturais em geral, sem nos preocuparmos com os diversos ramos mais ou menos autônomos* delas. O ramo da filosofia que chamamos *metafísica*, como já dissemos, estuda o "ser" enquanto tal; procura conhecer as "**essências**" para, em seguida, descobrir as propriedades delas. Por isso, usará, de preferência (posto que não exclusivamente), argumentos que descobrem o nexo causal necessário entre a essência e as ditas *propriedades*, e seu método será mais o dedutivo ou sintético, descendo do universal para o particular.

As ciências naturais, ao contrário, ocupam-se de "**fenômenos**" – procuram estabelecer o nexo entre um fenômeno e outro. O seu método é mais indutivo ou analítico, partindo do particular até o geral. Os argumentos serão, de preferência, fatos concretos, fenômenos. Enquanto esse processo examina alguma relação causal, temos ainda a verdadeira "ciência"**.

No entanto, nas ciências naturais modernas, o caso mais frequente é que não exista nenhuma "evidência", isto é, que nos juízos chamados *científicos*, a inteligência não perceba mais a concordância entre suas abstrações, ou as "leis" estabelecidas por ela, e a realidade material, mesmo se expressas em fórmulas matemáticas bem exatas do ponto de vista lógico.

---

* Há áreas, tanto da filosofia quanto das ciências, que operam prescindindo dos conhecimentos produzidos em outras áreas do saber, ou seja, são autônomos. Há outras que carecem dessa proximidade.

** Por exemplo: um químico pode *saber*, no sentido estrito do termo, que certos estimulantes introduzidos em um organismo agem deste ou daquele modo, ainda que ele possa não saber o que é a vida como tal. Ele está conhecendo, no caso, um nexo causal, posto que secundário. As razões mais profundas da atividade e das relações "vitais" lhe permanecem ocultas.

Além disso, sobretudo nas ciências, não se trata mais de descobrir as relações causais, mas simplesmente de constatar, comparar ou generalizar de qualquer forma fatos individuais, apanhados por meio de observações repetidas. Essas ciências procedem mais à maneira de um classificador de documentos, que tem um rótulo comum para uma série de papéis referentes ao mesmo assunto; mas elas nunca atingem o que é universalmente válido, necessário.

Aristóteles diria que essa maneira de conhecer pertence à dialética e que, em vez de produzir a certeza, leva apenas à opinião ou ao provável. Por mais que possamos calcular o comportamento de um objeto, fundamentados na observação rigorosa de um grande número de indivíduos, e por mais que sejamos capazes de dizer que os fenômenos assim observados são gerais, não temos o direito de dizer que possuímos deles **ciência** enquanto não lhes conhecemos as causas primeiras. Não nos esqueçamos jamais de que saber é conhecer o **porquê**, e não apenas o **como** ou o simples fato de que tal coisa é ou age desta ou daquela maneira.

1.6
Exigência fundamental:
investigar a realidade filosoficamente

Depois de conhecermos os dois interlocutores do diálogo proposto, devemos estabelecer algumas regras segundo as quais esse diálogo pode ser instaurado. Já dissemos, no início, que o *desideratum* (desejado, aspirado) para as ciências modernas é uma aproximação à filosofia, e isso tanto mais quanto maior a especialização das ciências. Hoje, esse é um fato do qual não podemos nos esquivar e que tem seu valor. É graças a essa especialização que chegamos a um conhecimento mais detalhado da realidade.

No entanto, ao mesmo tempo, a especialização não deixa de oferecer graves riscos. Por ela, as ciências entram cada vez mais no domínio do particular, estudam fenômenos sempre mais restritos, arriscando perder de vista mais e mais o que a natureza é e porque ela apresenta este ou aquele fenômeno. Atualmente, assistimos ao espetáculo das ciências especializadas não passarem de mera soma de dados e de uma técnica mais ou menos infalível para melhor aproveitamento da natureza, sendo que poderiam ser vistas como uma interpenetração, uma inter-relação entre o "espírito", a razão e o mundo objetivo.

Evidentemente, para o cientista não se trata de adquirir, de maneira livresca, noções gerais de filosofia nem mesmo de se apropriar, na íntegra, de um ou outro sistema filosófico, ao lado de sua ciência especializada. Por mais útil que seja para o cientista, tudo ainda pode ser considerado pouco, como ter noções de lógica, conhecer as "leis" da psicologia, estar familiarizado com os problemas da "filosofia natural", ter sólidos conhecimentos metafísicos, ter o máximo respeito do ser humano, seguir em seus trabalhos e ter certas normas de "ética profissional".

A filosofia não pode ficar à margem do trabalho científico, entrando em contato com ele apenas ocasionalmente. Ela deve embeber todo o esforço do cientista, todo o seu modo de pensar e de trabalhar. O cientista precisa procurar penetrar a realidade que estuda, filosoficamente – isso não significa que devemos menosprezar os sentidos e o particular que eles nos representam ou deixar de lado a experimentação.

As ciências naturais têm o seu objeto e seus métodos próprios. E o método é, precisamente, a empiriometria*, que outra coisa não é senão o prolongamento da sensação. Longe de abandonarmos esse método, temos, ao contrário, de educar os sentidos, aguçá-los, acostumá-los à exatidão, fiscalizá-los rigorosamente. Para tanto, é necessário conduzir os experimentos com cuidado e critério, pois não somente servem para verificar teorias já

---

* Pode ser entendida como a supervalorização da experiência e o desejo de expressar o saber, extraído por intermédio de uma métrica, um método preciso.

estabelecidas, mas também podem levar a novas descobertas. Cabe destacar aqui, em contraposição frontal ao verificacionismo, a existência de um procedimento bastante salutar nas pesquisas contemporâneas: o falsificacionismo popperiano, elaborado por *Sir* Karl Raimund Popper.

Os sentidos e o seu prolongamento (aparelhos e instrumentos) são necessários mesmo para a filosofia, até certo ponto. Para as ciências, eles são absolutamente indispensáveis. Santo Tomás de Aquino, o maior representante da filosofia escolástica, tão injustamente acusada de "obscurantismo", nos diz que, quem, no estudo da natureza, negligencia a sensação, cai no erro. O que é preciso é que as ciências atribuam à experimentação o lugar que lhe compete. Também nas ciências naturais "exatas" ela é simplesmente um meio, e nunca um fim em si mesma. **Ciência é sempre e essencialmente conhecimento intelectivo**.

Figura 1.3 – Sir *Karl Raimund Popper (1902-1994)*

1.7
A visão integral do "ser"

Como já dissemos, o intelecto pode limitar-se apenas a formar ideias mais ou menos gerais, registrá-las, sistematizá-las. Ele pode cingir-se a relacionar fenômenos entre si. Esse modo, porém, não é o que há de mais profundo em matéria de saber. Estudar filosoficamente a realidade física é mais do que isso: significa, em primeiro lugar, ter visão total, encarar o objeto que se estuda como "ser".

Para se atingir a realidade, cumpre não ficar na superfície. O "ser" propriamente começa onde os fenômenos acabam: no instante em que a inteligência esbarra nas muitas e inevitáveis aporias que eles produzem. Entra-se na realidade distinguindo o essencial do acidental, o necessário do contingente, a substância de suas determinações secundárias.

É preciso não chamar logo de *propriedade* o que talvez seja apenas uma manifestação frequentemente observada, mas não necessária, e não chamar de *causa* o que não passa de mera condição ou o que tem tão somente uma prioridade temporal diante do fenômeno registrado.

É muito frequente a utilização do sofisma "*Post hoc, ergo propter hoc*" (depois disso, logo, por causa disso), ou seja, o fenômeno "B" vem depois do fenômeno "A", logo "A" é a causa de "B".

Por fim, é necessário saber que não é a mesma coisa a "lei" que rege um ser natural e a que rege as manifestações exteriores. Enquanto a primeira está escrita na "essência", a outra apresenta regularidade em determinadas circunstâncias, que se adaptam e se modificam em outras. Há, ainda, as fórmulas físico-matemáticas que simbolizam essas manifestações.

O cientista, conhecendo assim o que é a coisa em si mesma, faz as necessárias distinções. É preciso que ele saiba defini-la bem, percebendo que a essência é o que permanece sempre idêntico a si mesmo, procurando as relações mútuas (algumas necessárias; outras, contingentes) que há entre ela e o fenômeno em uma palavra.

Assim, o cientista está autorizado a dizer melhor sobre o último porquê desses fenômenos. Ele poderá discernir, em algum caso particular, o que é propriedade inalienável da coisa e o que não passa de mero "acidente" produzido por causas extrínsecas e condicionado pelas circunstâncias peculiares em que ela se acha. Nesse contexto, o cientista corre menos risco de se perder no individual, material, impenetrável.

Síntese

Este capítulo teve como pretensão apresentar uma possibilidade de diálogo entre filosofia e ciência. Procuramos, desse modo, introduzir os principais conceitos metafísicos, bem como apresentar o principal objeto de reflexão, que permitirá, em seguida, investigá-los, para, ao final, questioná-los. Distante da questão de exorcizar as ciências empíricas, propusemos aqui uma interlocução que aparecerá na última parte deste livro.

Indicações culturais

Filme

> A METAMORFOSE. Direção: Jan Nemec. Alemanha, 1975. 50 min.
> Inspirado na obra-prima do escritor Franz Kafka, *Metamorfose*, o filme homônimo revela a vida de Gregor Samsa, ao descobrir-se transformado, metamorfoseado em um inseto monstruoso. O filme apresenta, ainda, o comportamento dos familiares ao descobrirem a mudança de Gregor, além da relação deste consigo mesmo (com seu corpo) e com os demais.

Livro

> GRONDIN, J. **Introduction à la métaphysique**. Montréal: Les Presses de l'Université de Montréal, 2004.
> A obra de Grondin é fundamental para compreendermos os temas e os autores que tratam de temas e problemas propriamente metafísicos. Nessa obra, podemos encontrar, também, uma sugestiva lista bibliográfica.

Atividades de autoavaliação

Analise as atividades a seguir e assinale a alternativa correta:

1. A Antiguidade Clássica associava diretamente filosofia e ciência. Essa afirmação é:
   a) correta.
   b) incorreta.
   c) ilógica.
   d) inverossímil.

2. Os problemas que envolvem os processos do conhecimento é a discussão central da metafísica. Essa asserção é:
   a) correta.
   b) incorreta.
   c) ilógica.
   d) inverossímil.

3. A metafísica procura investigar o ser da realidade. A afirmação é:
   a) correta.
   b) incorreta.
   c) ilógica.
   d) inverossímil..

4. Na Antiguidade, o termo *ciência* possuía um sentido específico. Que sentido era esse?
   a) Saber sistematizado de um aspecto da realidade adquirido por meio do método experimental.
   b) Conhecimento da realidade por intermédio de seus princípios e causas.
   c) Conhecimento provável.
   d) Nenhuma das alternativas anteriores.

5. A ciência experimental procura encontrar as leis que regem o mundo e não se preocupam com o estudo das causas (em sentido metafísico). Essa afirmação é:
   a) correta.
   b) incorreta.
   c) improvável.
   d) Nenhuma das alternativas anteriores.

Atividades de aprendizagem

Questões para reflexão

1. Esclareça em que medida é possível afirmar o objeto da reflexão metafísica.

2. Analise as possíveis relações entre filosofia e ciência.

3. Descreva as conexões entre essência e existência.

4. É possível defender, de fato, a metafísica como ciência?

5. De acordo com Appiah (2003, p. 303), é verdadeiro afirmarmos que Romeu amava Julieta, correto? Assim, presumivelmente, é correto dizermos que existiu alguém que Romeu amou: Julieta. Mas afirmarmos isso significaria dizer que uma pessoa chamada *Julieta* existiu. No entanto, a maioria das pessoas pensa que Julieta não existiu, sendo, na verdade, uma personagem de ficção. No entanto, se ela não existiu, como pode haver qualquer verdade sobre ela? É possível, nesse caso, que existam personagens fictícios em outros mundos possíveis? Se assim for, o que determina a verdade sobre eles?

Atividades aplicadas: prática

1. Leia o texto a seguir e elabore um texto questionando, com base na leitura, as bases do conhecimento. A tarefa deve considerar a possibilidade de que estejamos, inevitavelmente, equivocados quando apelamos aos sentidos para fundamentar nossas alegações de saber. Ao final, considere a plausibilidade da metafísica como ciência.

> As impressões antigas não são as únicas capazes de nos enganar, os encantos da novidade têm o mesmo poder. Daí procede toda a disputa entre os homens, que se censuram por seguirem as suas falsas impressões desde a infância ou por correrem temerariamente atrás de novas. Quem possua o meio-termo que apareça e que o prove. Não há princípio, por mais natural que possa ser, mesmo desde a infância, que não se faça passar por uma falsa impressão, seja da educação, seja dos sentidos.

Fonte: Pascal, 2002.

2. Elabore um texto que permita deixar em destaque a compreensão das possibilidades da metafísica. A resposta elaborada deve, ainda, demonstrar as relações entre filosofia e ciência, caracterizando ambas (posicione-se sobre o diálogo que pode haver entre elas). Esses questionamentos o(a) auxiliarão no manejo de conceitos e temas próprios da metafísica.

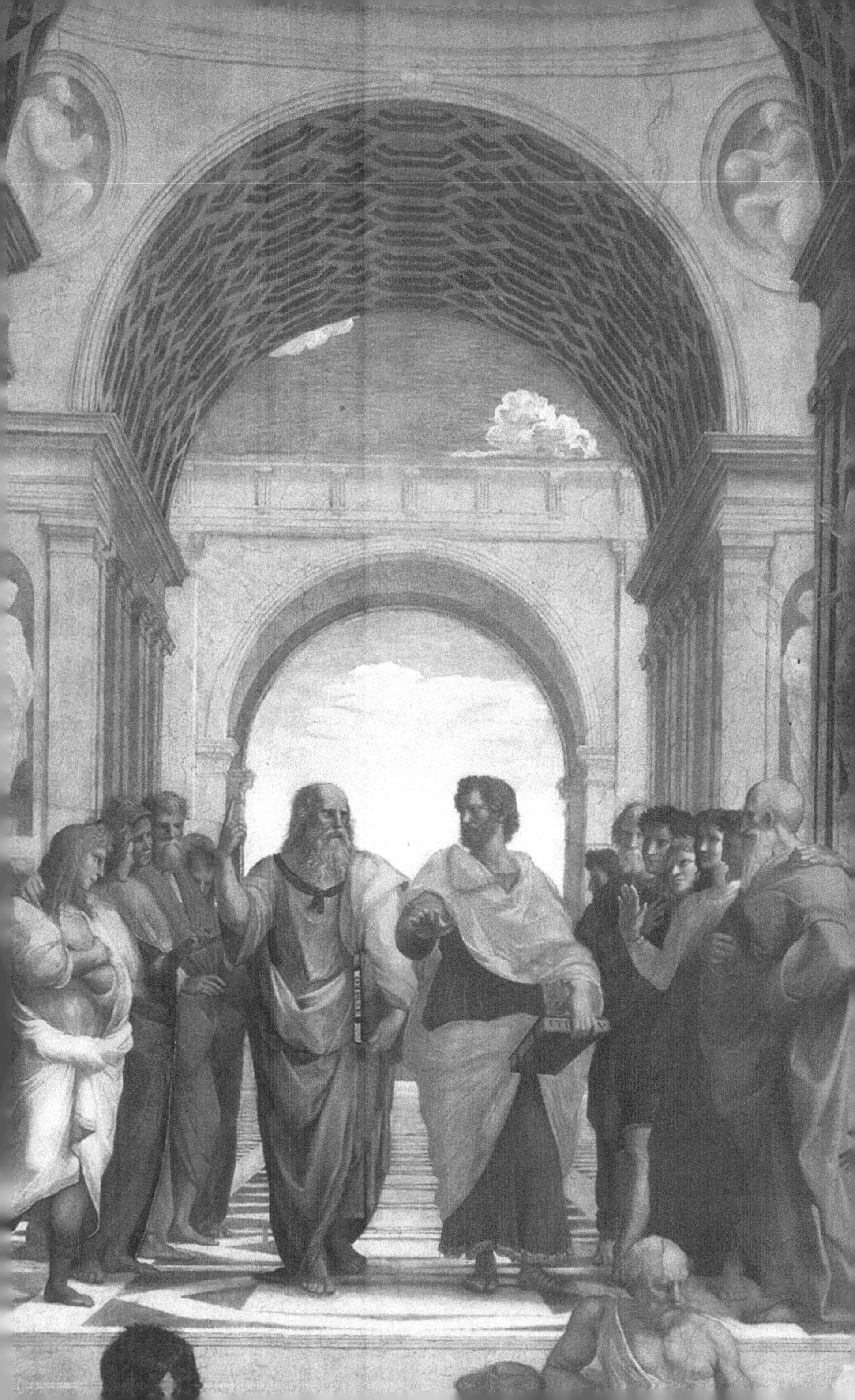

2

A concepção de alma na filosofia grega

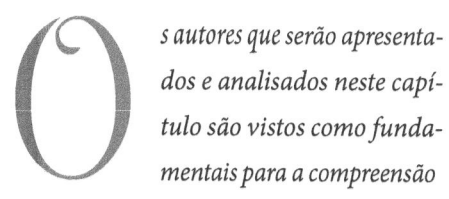

Os autores que serão apresentados e analisados neste capítulo são vistos como fundamentais para a compreensão dos percursos do pensamento metafísico. Neste texto, poderão ser encontradas as primeiras formulações filosóficas (os pensadores originários ou, como são usualmente conhecidos, os pré-socráticos), a contribuição singular de Platão e a sua formulação lapidar em Aristóteles. Esses dois últimos serão objeto de exame mais detalhado, mas não exaustivo, e suas principais teses serão aqui expostas. Desse modo, os objetivos a serem alcançados neste capítulo são: apresentar e discutir os principais pensadores gregos e sua ênfase nos aspectos metafísicos da realidade; investigar as filosofias platônica e aristotélica e caracterizar as mais relevantes noções metafísicas que serão objeto de reflexão, reelaboração e crítica na filosofia pós-aristotélica.

Sabendo que os primeiros filósofos gregos não se ocuparam explicitamente da concepção de alma na filosofia (a sua especulação era quase exclusivamente cosmológica), pode-se dizer que ela constitui um dos pontos centrais de toda a filosofia antiga. Mesmo os hilozoístas, assim como Heráclito, Demócrito e outros, apesar de suas preocupações cosmológicas, não podiam deixar de, ao menos, levar em consideração que a alma poderia ser uma realidade à parte do mundo material, ou seja, que não tivesse conexão com a realidade da matéria. Nesse panorama, Aristóteles nos mostra como eles procuraram (mais ou menos dogmaticamente), ainda que não tenham estudado a fundo a natureza da alma, descrever e realçar a posição privilegiada desta.

O problema da alma começa a ocupar um lugar de destaque com os sofistas e, mais tarde, com Sócrates, filósofo que se tornou emblemático na discussão do tema. De um ponto de vista filosófico (fazendo abstração da psicologia experimental moderna), todos os problemas particulares concernentes à alma, e que ainda temos em nossos dias, foram, senão solucionados, ao menos entrevistos e esboçados pelos filósofos da Grécia Antiga, como:

- alma = (é igual à) substância ou **atualidade de consciência** – (menos) imaterialidade;
- materialidade – (menos) unidade ou pluralidade – (menos) relação entre alma = (é igual ao) princípio vital e alma como atividade.

2.1
Os hilozoístas

Segundo Tales, a alma é algo que se move. Para filósofos posteriores, a opinião de Tales, de que "tudo está repleto de deuses", mostraria que o universo mesmo parece uma alma. Em que relação está a alma humana com essa **alma do cosmos**? Qual a sua origem, a sua natureza? Essas são perguntas que os poucos fragmentos que possuímos de Tales não nos permitem responder. Como, porém, Tales viu na água o princípio de todas as coisas, é possível supor que ele tenha visto na alma humana algo essencial, algo material (posto que tênue), que tira sua origem de algo úmido (o **sêmen**).

Figura 2.1 – Tales de Mileto (624 a.C.-546 a.C.)

Anaximandro, filósofo pré-socrático, não diz nada sobre a alma. Não se sabe se, ao lado do *ápeiron**, há outro princípio, imortal (alma do mundo). Fato é que os seres, inclusive os viventes, mesmo o homem, evoluíram a partir deste *ápeiron*, atravessando os graus menos perfeitos até os seres mais perfeitos.

Para Anaxímenes e Diógenes de Apolônia, a alma é **ar**. O primeiro traça um paralelo entre o **ar** (nossa alma) que vivifica o nosso corpo e o **ar** que é o princípio do cosmos. Parece, pois, que ele viu na alma humana um caso especial; do contrário, não poderia tê-la oposto ao **ar universal**.

Figura 2.2 – Heráclito (535 a.C.-475 a.C)

Já para Heráclito, a alma do homem é **fogo** (o que há de mais movediço, portanto, capaz de mover a matéria mais pesada). Está sujeita ao fluxo perpétuo das coisas e ao logos que governa esse fluxo (ela participa do logos universal).

---

* De acordo com o dicionário Houaiss de língua portuguesa, *ápeiron* é "a realidade infinita, ilimitada, invisível e indeterminada que é a essência de todas as formas do universo, sendo concebida como o elemento primordial a partir do qual todos os seres foram gerados e para o qual retornam após a sua dissolução" (Houaiss; Villar, 2009).

Em Heráclito, encontramos, pela primeira vez, menção da alma como princípio de **conhecimento** (ele fala da necessidade de **ouvirmos** o logos e também de homens cujas almas não entendem a linguagem dos seus próprios olhos e ouvidos). Para o pensador, o princípio da conduta prática do homem (ele menciona os que vivem como se tivessem entendimento próprio) independe do logos universal; no entanto, é só em união com este que se conhece a verdade e que se vive verdadeiramente.

2.2
Os pitagóricos

O dualismo das fontes do pitagorismo (as tradições órficas e a especulação matemática) acarreta uma doutrina sobre a alma cujos pontos particulares não se deixam sempre acordar.

Por um lado, a alma aparece como algo independente da matéria (ao menos da matéria grosseira dos corpos físicos), algo imortal, encerrado nesse corpo mortal e que migra de organismo para organismo. Por outro lado, os pitagóricos não parecem descrevê-la como idêntica ao hálito e, às vezes, a consideram como **harmonia do corpo**. Seja como for, ao menos em alguns fragmentos pitagóricos aparece de maneira bem clara o dualismo alma-corpo e a imortalidade da alma.

Um argumento indireto de que os pitagóricos tenham considerado a alma humana como algo diferente e superior aos outros seres aparece na relativamente abundante especulação moral (doutrina das virtudes que Pitágoras reduz a números).

2.2.1 Algumas doutrinas em particular

Filolau de Cotrona ensina que a alma está **enterrada** no corpo, aprisionada nele pela divindade. Parece identificar **alma** com personalidade humana – para ele, vivemos na prisão do corpo. O filósofo fala também das funções vitais da alma: o cérebro seria o princípio da vida emocional, e o umbigo, o princípio do crescimento. Notamos que Filolau designa o cérebro como princípio especificamente humano (o homem tem em comum com os animais e as plantas o coração, o umbigo e os membros genitais). Aqui, temos, portanto, o primeiro esboço – bastante rudimentar, é verdade – de uma teoria das **faculdades** da alma.

Já **Alcméon de Cotrona** afirma que a alma reside no cérebro e é o centro no qual as sensações convergem. O filósofo e médico se distinguiu pelo estudo da fisiologia dos órgãos sensoriais. Há, segundo ele, uma diferença profunda entre sensação e pensamento, diferença que distancia o homem dos outros seres. Só o homem é capaz de **entender**. Seguindo esse raciocínio, a alma humana participa essencialmente do movimento eterno dos corpos celestes e, portanto, é imortal como eles – uma espécie de argumento racional para a imortalidade.

Epicarmo, por sua vez, atribui **razão** também aos animais, o que ele prova pelo fato de os animais também adquirirem certas habilidades (esse é um dos argumentos aduzidos ainda hoje em favor da **inteligência** dos animais).

2.3
Os eleatas

Para **Xenófanes**, a alma humana, como princípio de conhecimento, é limitada; na maioria das vezes, chega apenas à *doxa* (opinião). Ele não explica, nos fragmentos que nos restam, a relação entre a alma individual do homem e o Deus (Ser único e universal), que, segundo ele, sabe tudo, é todo olho, **espírito** (*espírito* não diz necessariamente *imaterial*), ouvido, e rege e move tudo pela força do *noûs* (inteligência, pensamento).

Parmênides atribui um papel preponderante à função intelectiva da alma, desprezando a atividade dos sentidos. Segundo ele, as sensações dependem da constituição do organismo. Também a intelecção é tão mais ou menos nítida quanto mais ou menos quente for o organismo. O filósofo grego parece adotar a teoria pitagórica de que a alma é a harmonia do corpo. Assim, **igual conhece igual**, logo, a alma deve conter todas as coisas, como expõe Teofrasto sobre a teoria de Parmênides.

Inútil dizer que Parmênides não procura explicar a natureza da alma com relação a outros seres que são diferentes dela, pois tudo é **um** e toda a **multiplicidade** é ilusão. Também não cabe a ele conceber a alma como princípio de **movimento**, o qual tão pouco pode existir. Portanto, supõe o **não ser** e o espaço vazio.

2.4
Os filósofos "naturais" mais recentes

Empédocles vê a alma como mistura dos elementos, o que a capacita de conhecer os vários entes compostos desses mesmos elementos. O fogo parece ocupar um lugar de destaque. A alma emite **eflúvios** (do fogo interior), que se unem aos eflúvios dos corpos: assim se explica a sensação. Para esse filósofo, existe a migração das almas (castigo).

A alma é portadora das duas forças (amor e ódio), que a movem e pelas quais o corpo é movido. Ela tem, principalmente, a função de **pensar** (no sentido mais largo do conhecer), alegrar-se e entristecer-se (a vida emocional), o que se processa segundo maior ou menor harmonia entre os elementos.

Anaxágoras foi o primeiro a afirmar, decididamente, o dualismo matéria-espírito (*noûs*). O *noûs* universal, que coordena tudo, rege tudo e conhece tudo, é **sem mistura** (de partes materiais). Em outros seres, porém, pode haver *noûs*, mas misturado. Já as plantas têm **alma**, mas esta é, pela maior parte, mistura dos alimentos e apenas uma pequena parte "faísca" do *noûs*, ao passo que, no homem, este está menos misturado.

Por isso, o homem é capaz de atingir a **verdade** (a razão das coisas); os sentidos não a atingem devido à sua fraqueza (mistura). A suprema felicidade é meditar sobre a ordem do universo.

O mesmo filósofo distingue claramente o conhecimento sensitivo do conhecimento espiritual. Ele levanta o problema da imaterialidade da alma ou, pelo menos, do intelecto.

Os atomistas são, como nos outros domínios da filosofia, materialistas também na sua doutrina sobre a alma. Ela consiste de átomos que respiramos ou expiramos com o ar (átomos muito finos e movediços). A vida dura tanto quanto dura esse processo respiratório. Nesse sentido, o conhecimento significa o contato entre átomos.

Demócrito explica longamente a sensação, mas não se detém muito à intelecção. Mesmo tendo entrevisto, com Anaxágoras, uma diferença entre os dois tipos de conhecimento (os sentidos apanham os fenômenos e a inteligência conclui **o que está escondido**), ele parece afirmar a identidade do *noûs* (razão) com a alma, ou seja, ambos são átomos em movimento.

A alma é a sede da felicidade. Os seus bens são divinos, imperecíveis – Demócrito parece pouco consequente em suas considerações éticas. O **equilíbrio** (de prazer e desprazer) da alma constitui essa felicidade.

No que diz respeito à **filosofia ática** (que se desenvolveu em Atenas e tem na figura de Sócrates o seu centro), no decorrer de suas pesquisas gnosiológicas e de seus estudos sobre a virtude, Sócrates chegou a praticar, de um lado, o que poderíamos chamar de *psicologia*

Figura 2.3 – Sócrates
[ca. 470 a.C.–399 a.C.]

introspectiva. Ao mesmo tempo, foi levado a observar a psique alheia, cuja **formação** tinha proposto como objetivo principal. É verdade, porém, que em lugar algum Sócrates sistematizou a sua doutrina sobre a alma.

Sem afirmar a substancialidade da alma ou a unidade da alma intelectiva com a alma princípio vital, Sócrates parece estabelecer claramente o seu caráter imaterial. Em toda a parte, ele usa a analogia da alma para esclarecer a existência do *noûs* universal. Como a alma conhece a verdade, o *noûs* conhece tudo. Como a alma escapa às percepções pelos sentidos, o *noûs* também, sendo ambos cognoscíveis apenas pelos seus efeitos. Como a alma rege o corpo, assim o *noûs* rege o universo, e assim por diante. Essas analogias, portanto, indicam ser a alma algo independente da matéria.

A alma é participação da **razão universal**, algo **divino**. Ela domina o corpo e a ele sobrevive. Constitui o componente principal, mais nobre do homem. Sua beleza e perfeição devem ser nossa suprema preocupação. Sócrates, portanto, vê na alma algo essencialmente perfectível, tanto moral como intelectualmente. Em outros termos, ele não somente expõe o fato do conhecimento (e do agir) da alma, mas estuda as virtualidades dela e as condições de atualizá-la.

Embora Sócrates fale do **domínio da alma** (intelectiva) sobre o corpo e estude as sensações como dirigidas, teleologicamente, pelo *noûs*, ele não nos diz qual é o modo de união da alma intelectiva com o organismo.

2.5
A filosofia platônica

O pensamento platônico comporta diversas transformações que podem ser atestadas por seus **diálogos**. Procurando acompanhar e destacar tais mudanças, costuma-se classificar seus escritos em três momentos distintos.

O primeiro momento diz respeito ao seu caráter eminentemente socrático (Platão foi influenciado diretamente pelo pensamento de seu mestre, Sócrates) e contém temas marcadamente antropológicos, éticos e gnoseológicos. Esse período trata de temas como o "belo em si".

O segundo período centra-se nas preocupações por circunscrever a teoria conhecida como *teoria das ideias* e examina enfaticamente a teoria da imortalidade da alma. É assim que Platão discute a problema do devir e o papel da sensação e da opinião. Discute, ainda, aspectos antropológicos e psicológicos com fundamentos metafísicos.

O terceiro período dedica-se a investigar a vida, entendida como fundamentalmente política e moral. Pode-se afirmar que, nesse período, Platão procurou se tornar um pensador que dialoga com pensadores que ocuparam o cenário filosófico até então. Uma vez que sua concepção metafísica está bem estruturada, dedica-se a examinar aspectos das ciências naturais e da matemática pitagórica.

Para uma compreensão adequada do pensamento de Platão, é preciso considerar que ele dialoga com os filósofos que o precederam – não partindo, assim, do zero. Ele retoma, a seu modo, as teorias disponíveis para, então, transformá-las profundamente, adicionando elementos que tornarão sua filosofia extremamente original e profundamente influente. Uma das controvérsias com as quais Platão lidou em seu tempo diz respeito à polêmica entre os eleatas e Heráclito; outra, ao tratamento dado pelos sofistas com relação à verdade. Para Platão,

Figura 2.4 – Platão (427 a.C.–347 a.C.)

a procura pela verdade há de se distinguir como tarefa por excelência da filosofia. Só assim o conhecimento torna-se fundamentado e dotado de valor.

2.5.1 O mundo material na filosofia de Platão

Inicialmente, Platão não se preocupou diretamente com a realidade material, exceção feita ao Crátilo (diálogo platônico), ao criticar duramente o heraclitismo. Sua preocupação era, então, de cunho eminentemente antropológico e moral.

A segunda fase de seu pensamento altera essa visão, momento importante para a teoria do conhecimento que prepara e na qual opõe a noção de ideia à realidade material, concreta. Isso pode ser notado tanto em sua obra *Górgias* quanto em *Mênon*, no que diz respeito à distinção entre **ciência** e **opinião, saber** e ***doxa***. Essa concepção será transposta e esmiuçada para a terceira fase de seu desenvolvimento filosófico, em que se encontra a concepção decisiva de sua teoria do mundo sensível, material, e do mundo suprassensível, o mundo dos paradigmas eternos – o mundo das ideias.

2.5.2 O mundo das ideias

A **ideia** tem um papel imprescindível na metafísica platônica. Como veremos, há uma identificação entre **ser** e **ideia**.

> *Para os modernos,* o termo *ideia* corresponde vagamente a uma representação mental: alguém tem uma ideia na cabeça, dizemos, isto não é mais que uma ideia, (ou seja, representação...). [...] Platão pensava em algo muito distinto quando arriscava-se a falar de ideia. Para ele, a ideia não tem nada de subjetivo ou estritamente mental; ela é, ao contrário, uma realidade plena e total [...] que existe em algum

sentido por si mesma. De modo que a ideia de Bem ou de Beleza existe de modo autônomo, e nessa ideia pensamos [...] quando vemos coisas boas ou belas. Essas coisas são o que são porque participam da ideia de Bem ou de Beleza, que podem ser pensadas ou vistas em si mesmas.

Fonte: Grondin, 2006, p. 62-63.

Em *O banquete**, Platão, ao examinar a natureza de Eros, concebe uma teoria que, partindo da realidade material, tende a culminar no belo em si mesmo. Nesse texto, é possível perceber o movimento que conduz da realidade sensível à contemplação da ideia pura e em si mesma:

Começar do que aqui é belo e, em vista daquele belo, subir sempre, como que servindo-se de degraus, de um só para dois e de dois para todos os belos corpos, e dos belos corpos para os belos ofícios, e dos belos ofícios para as belas ciências até que das ciências acabe naquela ciência, que de nada mais é senão daquele próprio belo, e conheça enfim o que em si é belo. (Platão, 2001, 211c-d)

A Figura 2.5 assinala um dos momentos mais importantes da sociedade grega: a realização de encontros nos quais se podia examinar algum tema e debatê-lo à exaustão. Representa, ainda, o famoso diálogo platônico – *O banquete*.

---

* O escoliasta de Aristófanes (na comédia grega *As nuvens*, 1364) recorda uma antiga tradição: nos banquetes, apanhando um galho de mirto, cantava-se. De acordo com Fontes (1998, p. 88), citando um comentador de *As vespas*, havia um costume antigo, segundo o qual os simposiastas cantavam um depois do outro, começando a partir do momento em que o predecessor havia terminado. Alguém, segurando um ramo de louro ou murta, cantava versos de Simônides ou Estesícoro, interrompia-os aleatoriamente, passava a outro conviva por ele escolhido e este era obrigado a continuar de onde o primeiro interrompera. As canções eram chamadas de *skólia* ou *torcidas*, em função da dificuldade de cantar de improviso.

Figura 2.5 – Banquete (Symposium)

Essa ascensão em direção ao Sumo Bem*, às ideias perfeitas e em si mesmas e às formas idênticas não pode prescindir do mundo material ou das realidades sensíveis. O importante, no entanto, é elevar-se: primeiro começar por aquilo que vemos, que sentimos, que percebemos, e progredir, lentamente, até o belo em si.

Ainda que cronologicamente o mundo sensível seja imprescindível, há prioridade metafísica das ideias, pois se trata da meta a ser alcançada.

As ideias em Platão são, assim, o sentido primordial das coisas, o que permite que se possa definir os objetos e, acima de tudo, o ser das coisas. É por esse motivo que o termo utilizado por Platão para referir-se à ideia seja εἶδος (*eidos*), que define o ser das coisas, ou seja, o que ela é.

---

* É uma realidade que só é captável pela inteligência e é o ápice do saber. É dessa realidade que advém todas as coisas.

Essa noção de **ideia** não existia antes de Platão. A modificação operada por ele conferirá um novo e inédito estatuto à palavra grega εἶδος. Se antes o termo era utilizado para designar a forma exterior de um objeto, em Platão adquirirá um sentido plenamente metafísico. Mais tarde, ao ser traduzido para o latim, εἶδος será entendido como *species* (espécie) e, depois, como *essentia* (essência).

A caracterização do mundo material, segundo Platão, pode ser alcançada pela consideração das qualidades negativas das ideias em si mesmas (nesse caso, do belo em si). As coisas presentes no mundo material nascem ou perecem, não são eternas, crescem e diminuem, são variáveis, no que diz respeito a pessoas, lugares, tempo, objeto de sensações e de opinião, limitadas espacialmente, sempre não idênticas a si mesmas. Essa afirmação não implica em aceitar a tese do "dualismo" em Platão, já que na estrutura bipolar de sua metafísica e dinamicidade o princípio material é dinamicamente fecundado pelo princípio formal, elevando-o cada vez mais na direção do princípio primeiro e supremo do bem.

Sobre o assunto, observe as seguintes palavras de Platão (2001, 203b): "Penia então, tramando em sua falta de recurso engendrar um filho de Poros, deita-se ao seu lado e pronto concebe o Eros (Amor). [...] Penia (Sensível) busca Poros (Inteligível) e se faz fecundar por ele. O mundo material aspira e tende ao mundo inteligível".

Platão manterá essa concepção por meio de quase todos os seus escritos e, na fase de que estamos falando, ele pouco se preocupa com o problema da matéria primordial, comum, da qual todas as coisas materiais são constituídas e que lhes confere a materialidade. O filósofo não indaga a respeito da estrutura interna dos corpos materiais, como o fez Demócrito.

A investigação mais detalhada dessas questões será realizada em *Fédon*, obra dedicada a examinar a imortalidade da alma, sendo o posicionamento platônico sumamente importante: a alma é correlata ao mundo das ideias, não está submetida ao fluxo ininterrupto do mundo material e subsiste à decomposição do corpo. A alma, ainda segundo Platão, é indivisível e comporta o ser, o que não pode ser dito daquilo que tem materialidade.

Figura 2.6 – Sócrates, seus discípulos e os diálogos platônicos

DAVID, Jacques-Louis. **A morte de Sócrates**. 1787. Óleo sobre tela. 129.5 × 196.2 cm. Museu Metropolitano de Arte. Nova Iorque.

O mundo material, ao contrário, é divisível, sujeito à corrupção, à mutação. Assim, esse mundo, na medida em que se dissocia da realidade própria das ideias, não é e não revela o **"ser"**. Isso pode ser melhor compreendido ao examinarmos a obra pela qual Platão é mais conhecido: *A República*.

Em *A República*, Platão faz a diferenciação e sofistica a teoria dos dois mundos: o mundo material e o mundo das ideias. Isso pode ser melhor entendido com base em sua conhecida *alegoria da caverna* ou *mito da caverna*.

Figura 2.7 – Alegoria da caverna

Essa alegoria descreve como "homens", no fundo de uma caverna, estão comprometidos com a visão das coisas do mundo material, compreendido por Platão como sombras (imagens) do mundo circundante. Pensando a possibilidade de que tais homens se disponham a encontrar a verdade, que se encontra por trás de tais objetos, os quais são sucessivamente apresentados à sua percepção, Platão sinaliza que haveria, em primeiro lugar, a necessidade de um esforço por tal tarefa.

A busca pelo saber não é atividade das mais simples e exige um comprometimento que pode ser, inicialmente, desalentador. Isso se daria pela impossibilidade de contemplação da verdade em si mesma, tamanho o ofuscamento do Sol no exterior da caverna. Os olhos daqueles que buscam a verdade precisam ser acostumados a tal luminosidade. Mesmo assim, o desprendimento das amarras que os prendiam no interior da caverna já seria um indício de que estariam mais próximos do verdadeiro **"ser"**, o qual, segundo Platão, possui uma realidade separada, exterior, o mundo das ideias perfeitas e em si mesmas. Aqui se encontra, na metáfora do Sol (sinônimo do *Sumo Bem*), o mundo verdadeiro, sem mistura com as coisas materiais e possível de ser conhecido. Tal saber é caracterizado, então, como *episteme* (saber, conhecimento), como *ciência*, e resulta do esforço dialético por superar a aparência. Isso pode ser encontrado, também, em *Teeteto*, diálogo platônico no qual o filósofo aprofunda as distinções entre ciência e opinião*.

Se, em um primeiro momento, Platão procura circunscrever o mundo material por sua participação nas ideias que compõem o mundo suprassensível, em um momento posterior, o mundo material, terrestre, é causado pelas ideias modelares, das quais o **Sumo Bem** é a causa principal. O **bem** como causalidade final será, assim, tanto do mundo material quanto do reino da política. Já o **bem** como causalidade eficiente é desenvolvido por Platão em *Timeu e Crítias ou A Atlântida*, em que procura esclarecer como o mundo material passa a ser o que é.

Estando ambos (mundo sensível e suprassensível) distanciados um do outro, e caberá à alma o papel de intermediar uma eventual relação. Tal dinâmica pode ser observada em *Timeu e Crítias ou A Atlântida*. É nesse texto que aparece decisivamente a figura do **demiurgo**, cuja tarefa fundamental é plasmar o mundo material com base na contemplação das ideias eternas.

O demiurgo (e os deuses) e a alma do mundo são, portanto, medianeiros (intermediários) entre o mundo material e o mundo das ideias – a atividade direta sobre o material sempre constituiu uma grande dificuldade para Platão.

---

* Para se ter uma ideia de tal comprometimento de Platão em propor sua teoria das ideias e distingui-la do mundo material, sugerimos a leitura das seguintes obras: *O Parmênides, O Sofista, Filebo* e *Timeu e Crítias ou A Atlântida*.

E *é aí* precisamente que a alma encontra fadiga e luta extremas, visto que as almas ditas imortais, logo que atingem o cimo, avançam para fora e colocam-se sobre o dorso da abóbada celeste. E, uma vez aí, o movimento circular fá-las girar, e elas comtemplam então o que está no exterior do céu. Este Lugar supraceleste nenhum poeta daqui de baixo o cantou nem jamais o fará dignamente. Mas já que se deve ter a coragem de dizer a verdade em quaisquer circunstâncias e especialmente quando se fala da Verdade – eis como ele é: o Ser realmente existente, que não tem forma, nem cor, nem se pode tocar, visível apenas ao piloto da alma, a inteligência, aquele que é o objeto do verdadeiro saber, é esse que habita tal lugar. E então a mente do Ser divino, porque alimentada pela inteligência e pelo saber sem mistura – bem como a de toda a alma que cuide de receber o que lhe é conveniente –, vendo o ser em si, com o tempo, ama-o e, ao contemplar a verdade, nutre-se e regozija-se, até que em seu giro a revolução a conduza ao mesmo ponto.

Fonte: Platão, 1986.

Como podemos perceber, há em Platão uma profunda preocupação em compreender as estruturas metafísicas da realidade. Sua apreensão fez com que desenvolvesse uma das mais fecundas teorias filosóficas da Antiguidade e que continua a fomentar os mais diversos elogios teóricos, assim como as mais inveteradas críticas.

Observe, agora, as linhas mestras da reflexão platônica sobre o Eros. Esses apontamentos têm o propósito de assinalar os passos que levam do sensível ao inteligível, característica marcante do pensamento de Platão.

Apontamentos sobre "O banquete"*

Pausânias: o Amor não é todo ele belo e digno de ser louvado, mas apenas o que leva a amar belamente (181a).

Erixímaco – Médico: a medicina é a ciência dos fenômenos do amor, próprios ao corpo... e o que nestes fenômenos reconhece o belo amor e o feio é o melhor médico... suscitar amor onde não há mas deve haver, como eliminar quando há, seria um bom profissional (186c ss).

Aristófanes – Cômico:

Mito do Andrógino (189e-192a).

Agatão: assim, então, com o Amor, é justo que também nós primeiro o louvemos em sua natureza, tal qual ele é, e depois os seus dons (195a).

O Amor, dentre os deuses é o mais feliz, porque é o mais belo deles e o melhor (195a).

O Amor foge da velhice... O Amor a odeia e nem de longe se lhe aproxima (195b).

---

* "O banquete grego é, além de uma prática inscrita numa convenção linguístico-erótica, um espaço onde se regulam dores, alegrias, a ordem dos cantos e até um modo de beber: nele, os usos do corpo e da palavra obedecem a medidas fixadas pela tradição e por um aristocrático bom gosto" (Fontes, 1998). Para Fontes (1998), não se pode confundir o simbolismo presente no banquete com o imaginário que cerca os banhos públicos. Estes eram lugares de prazeres fervorosos, como fala Cícero, mas também eram lugares destinados ao convívio. Esse convívio assume aqui o sentido de *convivium* que, na sua acepção antiga, indica lugar de conversações, recitações de versos, do amor e das boas maneiras, um espaço presidido pelas graças delicadas.

Discordando de que o Amor seja o mais antigo dentre os deuses, Agatão afirma: ser ele o mais novo dos deuses e sempre jovem (195c).

O amor é jovem, mas além de jovem ele é delicado (195d).

É um poeta o deus, e sábio (196e).

O Amor, primeiramente por ser em si mesmo o mais belo e o melhor, depois é que é para os outros a causa de outros tantos bens (197c).

Sócrates:

Não vou mais elogiar desse modo, que não o poderia, é certo, mas a verdade sim, se vos apraz, quero dizer *à minha maneira*, não em competição com os outros discursos, para não me prestar ao riso (ironia socrática) (199b).

O amor é amor de algo que se deseja e não se tem – grandeza, força, riqueza, saúde (200a ss).

Não está, então, admitido que aquilo de que é carente e que não tem é o que ele ama? Sim, disse Agatão (201b).

O Amor é carente do que é belo, e o que é bom é belo, também do que é bom seria ele carente (201c).

Sócrates-Diotima (Sacerdotisa de Mantineia):

O amor é companheiro e servo de Afrodite* (203c).

O amor é um grande gênio... e com efeito, tudo o que é gênio está entre um deus e um mortal (intermediário) (202e).

Poros e Penia: nascimento de Eros (203b-204a).

---

* "E Afrodite, a deusa amadora-do-riso... disse e do seio o cinto pespontado desprendeu, polícromo, adornado de todos os seus encantos: lá o amor e o impulso de Eros; o enlace de núpcias e o enlevo sedutor, que mesmo aos sábios faz perder o juízo" (Homero, 2002, Canto XVI, p. 210).

Poros e os aspectos do filho: insidioso com o que é belo e bom, e corajoso, decidido e enérgico, caçador terrível, sempre a tecer maquinarias, ávido de sabedoria...

Penia e os aspectos da mãe: ele é sempre pobre, e longe está de ser delicado e belo...mas é duro, seco, descalço e sem lar...

Há aqui uma referência explícita da estrutura bipolar da metafísica platônica e sua dinamicidade: o princípio material é fecundado pelo princípio formal, elevando-o cada vez mais na direção do princípio primeiro e supremo do Bem.

Graus do Belo (210a-210c)

Resumo dos graus (211c-d): começar de um corpo belo, de um só para dois e de dois para todos os belos corpos, e dos belos corpos para os belos ofícios, e dos ofícios para as belas ciências até que das ciências acabe naquela ciência, que de mais nada é senão daquele próprio belo, e conheça o que em si é belo... a contemplar o próprio belo.

...com *aquilo* com que deve... (inteligência) (212a).

Alcibíades (212d ss)

Ouve-se a voz de uma *flautista* (212d) –

Mas um homem embriagado proferir um discurso em confronto com os de quem está com sua razão, é de se esperar que não seja de igual para igual (214d).

Alcibíades decide:

– louvar Sócrates (215b-222b).

Afirmo eu então que ele é muito semelhante a esses silenos (215b).

Mas não és *flautista*? Sim! E muito mais maravilhoso que o sátiro (215c).

Quando algum outro ouvimos mesmo que seja um perfeito orador, a falar de outros assuntos, absolutamente por assim dizer ninguém se interessa; quando, porém, é a ti que alguém ouve, ou palavras tuas referidas por outro, ainda que seja inteiramente vulgar o que está falando, mulher, homem ou adolescente, ficamos aturdidos e somos empolgados...o que é que sofri sob o efeito dos discursos deste homem e sofro ainda agora (215d).

A custo, então, como se me afastasse das sereias*, eu cerro os ouvidos e me retiro em fuga, a fim de não ficar sentado lá e aos seus pés envelhecer (216b).

Sabei que nem a quem é belo tem ele a mínima consideração, antes despreza tanto quanto ninguém poderia imaginar, nem tampouco quem é rico, nem a quem tenha qualquer outro título de honra, dos que são enaltecidos pelo grande número; todos esses bens ele julga que nada valem, e que nós nada somos... e é ironizando e brincando com os homens que ele passa toda a vida (216e).

Julgando, porém, que ele estava interessado em minha beleza... com tais ideias em meu espírito (217a).

Depois disso (de ficar só e nada conseguir com Sócrates), convidei-o a fazer ginástica** comigo... nada me adiantou (217c).

Tu me pareces, disse-lhe eu, ser um amante digno de mim, o único... (218c).

---

*   O trecho faz alusão ao Canto XII da *Ilíada*, de Homero.
**   "Durante os exercícios físicos, os jovens apresentavam-se completamente nus; a presença de estranhos era proibida por uma lei de Sólon" (Aristófanes, 1995, p. 213, nota 266).

> ...desprezou minha juventude, ludibriou-a, insultou-a, insultou-a e justamente naquilo é que eu pensava ser alguma coisa... (219c).
> Sócrates refletindo (220c-e).
> Fim do louvor a Sócrates (222b).

Fonte: Platão, 2001.

O tema do Eros talvez seja um dos mais atraentes do pensamento de Platão. Nesse sentido, uma análise detalhada de seu corpo teórico não pode se esquivar a examinar como essa reflexão impacta na filosofia posterior, particularmente no pensamento medieval.

> *Para saber mais*
>
> *É possível conhecer* mais sobre as flautistas citadas por Platão no trecho apresentado anteriormente, no Capítulo 2 – "As flautistas, as parteiras e as guerreiras" – da obra:
> GAGNEBIN, J. M. de B. **Sete aulas sobre linguagem, memória e história**. Rio de Janeiro: Imago, 1997.

2.5.3 A alma como princípio vital

De acordo com Goldschmidt (2002),

> *o Fédon não fixa, de início, um problema a resolver. Ele começa por um fato inicial: a visita dos amigos que Sócrates recebe na manhã de seu último dia. Do acaso das palavras trocadas nasce a questão inicial: que atitude o filósofo deve adotar diante da morte? – Mas, diferentemente de outros lugares, Sócrates dá a resposta desde o começo: o filósofo, após ter consagrado toda a sua vida a morrer, terá "boa esperança" (Fédon, 64a) diante da morte. Parecendo contrária a todo método, esta resposta só pode legitimar-se por um exame prévio: a alma é imortal?*

A concepção da alma como fundamento do conhecimento racional está entrelaçada à teoria das ideias. À medida que Platão concebia uma distinção entre o mundo das ideias e o mundo material, sensível, estes eram entendidos como realidades distintas: a alma é afim às ideias e pertence à dimensão das ideias, em direção às quais se sente atraída por sua própria natureza.

Uma vez que se difere fundamentalmente do corpo, a alma, além de ser princípio de movimento do corpo, é, também, automovimento. Platão defende essa tese em *Fedro*, esboçando a concepção que afirma o seguinte: a alma é movida por si mesma e move o corpo (Platão, 1986). Um corpo, para ser considerado vivo, deve ser movido pela alma. Esta é, assim, a verdadeira essência do ser humano, e sem ela não há vida. Essa união (corpo-alma) não é, no entanto, substancial ao ponto de se identificarem.

Sobre essa distinção, Platão concebe uma metáfora com a qual pretende ilustrar como a alma predomina sobre a vida corporal, material: um tecelão, durante a sua vida, tece para seu uso uma série de roupas, as quais ele gasta ininterruptamente. Ele sobrevive depois que o material tecido se desgasta. É desse modo que a alma tece sempre de novo a vestimenta corruptível que é o seu corpo, ou seja, a alma permanece depois que o corpo se decompõe.

Sobre as **partes da alma**, como é possível depreender de *Fédon*, Platão a compreendia como una e indivisível. Todavia, não entende que haja uma união fundamental da alma com o corpo, mas a define como um ser espiritual, imortal, como veremos adiante.

Os diálogos *A República*, *Fedro* e *Timeu e Crítias ou A Atlântida* nos permitem conhecer e compreender a concepção platônica de alma e sua divisão tripartite. Essa divisão possibilita a Platão proteger a natureza espiritual da parte racional da alma, assim como explicitar detalhadamente as funções não intelectivas dela. Antes disso, pensava e defendia que a alma **dominava** o corpo, **movendo-o**.

2.5.4 Funções e localização das partes da alma

A alma se divide, segundo Platão, em três partes: alma racional (intelectiva), alma irascível e alma concupiscível. A **alma racional** não possui relação direta com o corpo e é orientada pelo mundo das ideias. Sua virtude essencial é a sabedoria. A **alma irascível** possui como virtude a fortaleza e se caracteriza pela presença dos afetos que movem a vida. Já a **alma concupiscível** tem como virtude a temperança (moderação) e sua característica é a busca pela satisfação dos prazeres.

De acordo com a doutrina platônica, há uma relação, ainda que indireta, entre as partes da alma, cabendo à parte intelectiva o domínio sobre as partes inferiores. Por outro lado, o espírito (ou a parte intelectiva) pode ser antagonizado não diretamente pelo corpo, mas sim pelas partes inferiores da alma. De modo prático, essa nova posição de Platão implica no seguinte: uma vez que conhecer a virtude e o agir virtuosamente são uma só coisa, segundo a doutrina de A República, o defeito moral tem sua raiz única e exclusivamente na parte inferior da alma. Deixa-se de lado, assim, a ideia presente em outros diálogos, que diziam que na alma (intelectiva na sua totalidade) como tal, é que teria sido desviado o defeito moral do bem. Compreendendo essa concepção de alma, compreende-se, também, a analogia que Platão faz entre as partes da alma e a condução da pólis.

Já em Fedro, Platão elabora o **mito do carro alado**, que pretende dar conta da teoria tripartite da alma e assemelha a relação entre as partes da alma a um cocheiro que conduz dois cavalos. Os cavalos compreenderiam o ânimo e a concupiscência, sendo o primeiro dotado de nobreza, e o segundo, a alma concupiscível e desobediente, cabendo ao cocheiro a tarefa de conduzi-los para que alcance sua elevação. Esse mito busca demonstrar a existência das três dimensões da alma.

2.6
Elementos fundamentais da metafísica aristotélica

O *problema concernente* ao mundo material, para Aristóteles, pode se enunciar da seguinte maneira:

- Quais são os últimos princípios constitutivos de todos os corpos?
- Quais são as causas de suas várias transformações?

Para tratar desse duplo problema, Aristóteles parte de dois pressupostos fundamentais que não podem ser propriamente demonstrados:

1. Os seres materiais são verdadeiramente *ser*, no sentido próprio da palavra.
2. Os nossos sentidos nos dão a conhecer a realidade material tal como ela é, mas não garantem um conhecimento profundo – eles transmitem esses dados à inteligência. Em outras palavras, o modo conatural de conhecermos intelectivamente a realidade é o abstrativo.

Com relação ao segundo pressuposto, cumpre dizer que no Livro II da obra *Física*, capítulo 1º, Aristóteles (1995, p. 47) diz: "quanto à tentativa de demonstrar que existe 'natureza', ela seria ridícula. Com efeito, está patente que haja seres naturais".

No livro *Metafísica*, Aristóteles (1998) enumera e critica as teorias dos antigos acerca do mundo corpóreo e chega à conclusão de que *ser* é um termo que se aplica analogamente às várias categorias que encontramos no mundo físico; *ser*, no sentido mais óbvio da palavra, é a substância corpórea.

Especialmente contra a "dualidade" de Platão, Aristóteles (2006, p. 55) diz o seguinte:

> A questão mais importante que se deve pôr é esta – o que é que as ideias (separadas) conferem aos seres sensíveis [...]. Com efeito, elas não são, para estes seres, causa de nenhum movimento ou transformação. Por isso mesmo, também não são de nenhuma utilidade para o conhecimento destas causas, visto que elas (as ideias) não são a substância das mesmas, porque neste caso elas deveriam estar dentro dos ditos seres. Nem [sic] tampouco serviriam para explicar a existência destes seres, pela mesma razão de não estarem imanentes nos seres [...]. Dizer que as ideias são "modelos" (dos seres materiais) e que os outros seres delas "participam" é jogar com palavras ocas e com metáforas poéticas.

Seria necessário ler algumas passagens das obras *Física* e *Metafísica**, para poder avaliar devidamente o papel que ocupa o estudo propriamente filosófico da realidade material, dentre outros. São textos nos quais Aristóteles examina essa realidade de um ponto de vista empírico-científico.

Como se pode perceber, o tema do mundo material ocupa no pensamento de Aristóteles um posicionamento central. É por esse motivo que ele dedica seus esforços por compreendê-lo sem perder, ao mesmo tempo, o foco metafísico de suas investigações.

2.6.1 Definição aristotélica de natureza (ou de corpos naturais)

Uma vez que é imprescindível compreender as categorias centrais do trabalho aristotélico, passamos agora a determinar seus principais

---

* Trechos sugeridos (todos de Aristóteles): *Física*, 1993, cap. II, p. 1; *Metafísica*, 2006, cap. XII, p. 8-9; *Metafísica*, 2006, cap. V, p. 6; *Metafísica*, 2006, cap. VII, p. 8-9; *Metafísica*, 2006, cap. X, p. 3-9.

conceitos no terreno da ciência e da metafísica. Segundo Aristóteles (1995, p. 45), *natureza* é "o princípio de movimento e de repouso naquele a que tal convém não por mera concomitância, mas primariamente, e *per se*". Dessa **natureza**, Aristóteles faz o objeto de seus estudos. E como saber significa **conhecer por meio das causas** (material, formal, eficiente e final), o filósofo inquire nas quatro causas que encontra no jogo das **naturezas**, principalmente nas causas ou princípios intrínsecos do mundo dos corpos. Ainda mais: visto que somente o que é determinado, ou o que é ato, possui densidade metafísica, podemos também dizer que Aristóteles procura descobrir a **forma** (ou as formas) e suas relações e implicações várias – a **morfologia** dos seres naturais.

> Na Física, *Aristóteles* tem enumerado o que considera as primeiras causas [...]. Na *Metafísica*, procede por demonstrar a exatidão de suas análises, examinando se os filósofos que lhe precederam têm apontado a existência de outras causas. No marco desta investigação oferece uma exposição completa da filosofia anterior, que ocupa o resto do livro. A sua conclusão, como era previsível, é que nenhum pensador descobriu outra causa distinta dessas quatro [...].

Fonte: Ross, 2013, p. 178.

Nesse estudo feito pelo Estagirita, encontramos uma dupla análise verdadeira: ambas vêm sob o nome de *filosofia*, porém, na realidade, chegam a resultados diferentes, apresentando-nos aspectos fundamentalmente diversos do mundo material.

A uma dessas análises poderíamos chamar de *análise física* ou *científica*, a qual nos fornece a morfologia externa, física, do ser material, por assim dizer. Já a outra, poderíamos nomear *análise filosófica da* *realidade,* uma vez que nos fornece a estrutura ontológica, intrínseca, do ser corpóreo.*

2.6.2 A análise empírica do mundo corpóreo: estrutura física

A filosofia natural de Aristóteles é, em parte, o que hoje chamaríamos de *ciências naturais* – a observação empírica dos fenômenos, havendo também uma série de opiniões tradicionais, aceitas por Aristóteles, assim como certas hipóteses gratuitas, hoje questionáveis –, e em parte, *metafísica da natureza*. Embora o Estagirita não separe essas duas análises, será útil considerá-las em separado.

2.6.3 O elemento funcional: dinamismo da realidade material

Com Heráclito, Aristóteles indaga a realidade material pelo que ela é, algo que se acha em constante mutação. O fato dessas múltiplas transformações que os sentidos constatam, cada qual no seu setor, exige o trabalho coordenado da inteligência de quem pretenda fazer ciência.

Indagando os vários **movimentos** de que é suscetível a realidade material, Aristóteles constata quatro espécies: o movimento local, o movimento quantitativo, o movimento qualitativo e a transformação substancial. É importante salientar que esta última, porém, não é um movimento em sentido próprio, conforme veremos adiante, embora haja uma série de movimentos propriamente ditos como preliminares

---

* Aristóteles utiliza o primeiro desses dois tipos de análise – explicando o mundo físico de uma maneira de preferência **mecanicista** e considerando as **formas** sobretudo como **efeitos** ou resultado concreto do jogo das causas – não como fim em si mesma, mas como meio à análise filosófica, na qual prevalece a consideração da **forma** do ponto de vista formal e finalista (entelequia).

à transformação substancial. É de notar, ainda, que, para o filósofo de Estagira, o movimento local é o mais fundamental, pois está implicado, de uma forma ou de outra, em todas as outras transformações.

À questão do porquê do movimento, temos, primeiramente, a resposta daquilo que Aristóteles chama de *causa eficiente* (aquilo de onde principia o movimento). Os corpos, segundo ele, são dotados de poderes ativos, capazes de modificar outros, no sentido dos movimentos citados anteriormente. O filósofo estuda, em várias passagens, as relações entre os fenômenos, procurando descobrir o mecanismo de ação e reação, ao qual nomeou *causalidade eficiente*.

Aqui, Aristóteles se interessa unicamente pela causalidade eficiente natural, não **violenta** ou **artificial**. Enquanto isso, tanto o ser entendido como causa ou como algo que recebe um efeito coincide com a causalidade intrínseca, com a constituição ou com estrutura do eficiente ou do paciente, respectivamente. Assim, o agente contém o efeito que ele mesmo produz e o paciente tem em sua estrutura a capacidade receptiva para tal efeito.

Há, nessa relação, uma espécie de necessidade: existindo a causa **A** e exercendo o seu influxo causal, segue necessariamente o efeito **B**. Não é, porém, uma necessidade absoluta, mas há sempre lugar para o fortuito.

A causa eficiente é, por assim dizer, a mais aparente, a mais acessível à observação empírica. No entanto, Aristóteles descobre ainda outra relação causal, a qual, aliás, explica melhor a questão da necessidade: ele procura dar-se conta da estrutura e da atividade de determinado ser, visando ao fim a que este deve servir. O filósofo estabelece toda uma hierarquia de relações, na qual as partes servem ao todo e os seres inferiores aos seres superiores – essa teleologia tem servido e ainda pode servir de pondo de partida para as ciências naturais, no seu esforço de desvendar os mistérios do mundo material.

Causalidade eficiente e **teleologia**, segundo Aristóteles, entrecruzam-se. Ambas são indispensáveis para elucidar o conceito aristotélico de necessidade, o qual não é determinismo absoluto. Entretanto, as duas espécies de causalidade mencionadas não são suficientes para explicar o movimento. Em última análise, todo o movimento se reduz à natureza – como vimos –, àquilo que poderíamos chamar de *par matéria-forma*, sem dar a esses dois termos um sentido filosófico.

Em outras palavras, não se trata de **matéria primeira** e **forma substancial** nem sequer de **matéria segunda** e **forma acidental**, mas simplesmente da estrutura física do ser material.

A causa mais própria de qualquer movimento natural é o próprio corpo em movimento: dado que ele é material, é suscetível de transformação (no sentido passivo) – ou seja, uma vez que ele possui determinado ato, é capaz de produzir determinado efeito.

2.6.4 O elemento estrutural

Qual seria, então, a estrutura da realidade material que explica satisfatoriamente todos os fenômenos?

Notemos que, no tempo de Aristóteles, a teoria mais atual a respeito do mundo corpóreo era o atomismo de Demócrito, a qual foi rejeitada pelo filósofo, que via nela um mero postulado ou uma simples afirmação gratuita, insustentável não só filosoficamente, mas até sem base nas ciências empíricas de então.

Embora não identifique simplesmente corpo e extensão, Aristóteles sabe que aquele é sempre extenso. Ora, o que é extenso, tem partes, sendo, portanto, divisível, porém essa divisibilidade não pode ser sempre realizada. Os atomistas, por conseguinte, não têm razão em afirmar ser o átomo indivisível, um corpo; ou, então, eles seriam obrigados a dizer que os átomos são pontos inextensos e, assim, não saberiam explicar a extensão.

Em outras palavras, para Aristóteles há um limite físico da divisibilidade. Há corpúsculos que, pela sua extrema pequenez, resistem à divisão, mas continuam, não obstante, a serem extensos e, portanto, (teoricamente) divisíveis. Aliás, a resolução dos corpos existentes em átomos e poros (vazio), como propôs Demócrito, não tem interesse efetivo para Aristóteles. Para ele, o corpo é um quando há continuidade da massa ou matéria e quando a atividade é uma. Além disso, essa resolução em corpúsculos homogêneos, distinta apenas pela figura, sujeita unicamente ao movimento local que lhes é intrínseco, não daria conta das outras diferenças existentes nos corpos e dos movimentos anteriormente mencionados.

Deixando de lado a microestrutura dos corpos – uma ideia que poderia ter sido fértil para as suas especulações científicas e filosóficas –, Aristóteles dirige sua atenção quase exclusivamente às diferenças qualitativas e à mistura dos elementos. Há, segundo ele, quatro elementos que compõem todos os corpos desse mundo terrestre e um quinto elemento de que são feitos os corpos celestes. Mesmo sem serem esses elementos a matéria primeira aristotélica, conforme veremos, podemos dizer que eles constituem a matéria primordial de todos os corpos.

Os elementos, últimos princípios sensíveis da realidade material, são dotados de certas qualidades fundamentais e possuem uma tendência inata ao seu lugar natural (os mais leves para cima e os mais pesados para baixo). As **qualidades** se acham combinadas da seguinte maneira (Ross, 2013, p. 127):

- quente e seco = fogo;
- frio e seco = terra;
- frio e úmido (fluido) = água;
- quente e úmido (fluido) = ar.

Segundo Aristóteles, essas qualidades e a tendência ao lugar natural explicam não somente a mistura dos elementos, mas também, por meio dela, as diferenças que chamaríamos *químicas*, como todos os movimentos, a alteração (movimento qualitativo), o aumento, a locomoção e, até certo ponto, a transformação de um ser em outro (movimento substancial).

Precisamos entender que a geração da substância não é, propriamente, movimento, pois ele ocorre sempre entre dois contrários. Ora, como contrário, a substância só tem a **não substância**, isto é, o **nada**. Quer dizer, Aristóteles se acha impossibilitado de explicar pelas últimas causas o aparecimento de um ser novo (como cientista natural) – esse problema ele só pode explicar como filósofo. Como **cientista**, o que ele pode é assinalar as condições de geração substancial, os seus preliminares, ou seja, as transformações quantitativas e qualitativas que lhe precedem, assim como constatar o resultado da transformação.

Aristóteles afirma (como havia feito Empédocles ou alguns dos primeiros filósofos jônios) que os elementos se achavam em estado, por assim dizer, caótico, para depois serem unidos (por alguma força especial) a formarem os seres corpóreos complexos que conhecemos. O problema cosmogônico, propriamente, não interessa a Aristóteles nem do ponto de vista científico-natural nem do ponto de vista filosófico-metafísico. O que ele quer é analisar a realidade corpórea existente.

A estrutura dos corpos não viventes pouco interessa ao Estagirita. Convém notar, no entanto, que, segundo Aristóteles, os corpos celestes não podem ter a mesma estrutura que os corpos terrestres (mistura dos quatro elementos). Esse pensamento é consoante à observação limitada de que os antigos eram capazes, visto não ser possível ter outro movimento a não ser a locomoção – na sua forma mais perfeita, que é o movimento circular e eterno.

Aristóteles não dá atenção também à natureza morta, tamanho é o seu interesse pelos viventes. Assim, torna-se interessante não somente estudar a análise feita pelo pensador sobre o corpo vivo em suas diversas partes (dos membros e órgãos até as partículas heterogêneas que os compõem e as partículas homogêneas e elementares), mas também considerar a sua classificação dos viventes, especialmente dos animais. É possível, ainda, seguir a descrição que ele dá do funcionamento dos órgãos, a teleologia das funções vitais etc.

Vejamos, porém, que, para Aristóteles, a vida e suas funções não são explicáveis exclusivamente pela estrutura, pela combinação dos elementos e de suas qualidades. Enquanto matéria e forma, como princípio de atividade dos seres anorgânicos, podem ser resumidas – de um ponto de vista puramente científico-natural (não, porém, do ângulo metafísico) – sob o nome de *estrutura dos viventes*, a forma (alma), pensada sob esse mesmo ponto de vista científico, mostra uma certa autonomia. Nos anorgânicos, a estrutura mesma, isto é, o conjunto de matéria e forma, exerce uma limitada atividade. Nos viventes, ao contrário, matéria e forma significam uma estrutura que serve de instrumento (órganon) à alma (forma).

2.6.5 *A análise filosófico-metafísica: estrutura ontológica da realidade material*

Uma vez examinada a compreensão aristotélica do mundo material, passamos agora a investigar as bases metafísicas da realidade.

2.6.5.1 *O problema*

Assim como Aristóteles não trata, sob um aspecto científico-natural, do problema da origem do universo material, também sua filosofia desconhece a cosmogonia. A existência dos seres materiais diferenciados em várias espécies é um fato que o pensador simplesmente aceita. Ele procura analisar esses seres, a sua estrutura ontológica e descobrir os princípios últimos destes. Se Aristóteles chega à afirmação de que o mundo é eterno, essa afirmação não é a resposta ao problema previamente posto – **se** o mundo teve início e **como** isso ocorreu –, mas sim uma conclusão necessária da natureza dos princípios ontológicos que o Estagirita descobre.

Com a base da especulação filosófica de Aristóteles acerca do universo material, é possível encontrar uma série de ideias mestras que a orientam e mostram, de um lado, a linha que vai do filósofo até os primórdios da filosofia grega, nos primeiros jônios, e, de outro lado, a origem e o caráter platônico da problemática aristotélica.

De nada, nada se faz; portanto, os múltiplos movimentos de que somos testemunhas (e os sentidos não mentem) devem ter:

- um **substrato** comum (ou princípios comuns), o qual, de algum modo, deve ser eterno, isto é, não sujeito, ele mesmo, à transformação;
- o **ser** das coisas materiais, a fim de ser o que seu nome indica;
- vários **seres** materiais (substanciais = *ousia*) que oferecem o mesmo padrão.

Aristóteles procura construir essas ideias em um sistema plenamente organizado pela sua teoria hilemórfica, a qual deve explicar, portanto, os princípios comuns de todos os seres materiais, inclusive dos elementos. Deve, também, dar conta dos movimentos de que esse ser é capaz e, finalmente, explicar a multiplicidade dos seres na unidade da **espécie** (forma).

2.6.5.2 O *critério*

Mantém-se, por meio de toda a sua especulação, o critério estabelecido por Sócrates e, especialmente, por Platão, de que a verdadeira ciência só se encontra onde há **conceitos**, que representam o que é universal, imutável. Mas Aristóteles não pode contentar-se com a análise puramente empírica da realidade material, ou com cosmogonias mais ou menos primitivas e, por vezes, arbitrárias, como as que haviam fornecido os antigos.

Aristóteles analisa empiricamente os seres materiais, para chegar, como filósofo, ao que é imaterial, não perceptível pelos sentidos, e o que constitui o esqueleto ontológico desses seres.

Nas próprias transformações superficiais ou acidentais – como a aquisição de uma nova qualidade ou o acréscimo quantitativo, ou mesmo o movimento local –, a análise de Aristóteles é demasiado profunda para estacionar no puramente empírico-estrutural.

Ele vê que um corpo passa por várias dessas transformações sem que, necessariamente, atinja-se o ser que lhe é próprio. Aristóteles é levado a distinguir entre a **substância** corpórea e os vários acidentes que, com efeito, um corpo pode passar sem sofrer alteração de sua substância ou de sua natureza própria. São nove acidentes:

1. Ser maior ou menor: **quantidade**.
2. Ser, por exemplo, quente e frio, líquido ou sólido: **qualidade**.
3. Ser princípio de uma certa atividade de tal modo que, às vezes age, às vezes não: **ação**.
4. Ser sujeito a sofrer certa influência de outro: **passividade**.
5. Ser medido pelo **tempo** atual, passado ou futuro: **quando**.
6. Ser medido por esta ou aquela porção de espaço: **onde ou lugar**.
7. Ser **medido** por determinada ordem de suas próprias partes quantitativas: **posição**.
8. Finalmente, Aristóteles conhece um **predicamento** que não afeta propriamente o corpo, nem em si mesmo (como a quantidade ou qualidade), nem como **medida** (tempo, lugar, posição), nem

flui deste corpo como de seu princípio ativo (ação) ou passivo (padecimento), mas que, não obstante, o corpo possui por mera justaposição.

9. Por meio de todos esses predicamentos, Aristóteles distingue várias relações, principalmente as mútuas, por exemplo, de causa-efeito, semelhança ou dessemelhança (qualitativa), igualdade ou desigualdade (quantitativa).

Esses nove acidentes são, empiricamente, outros tantos fenômenos, os quais caem, de um modo ou de outro, sob a observação direta dos sentidos (externos e internos), enquanto a substância corpórea não pode ser apanhada senão indiretamente, isto é, por meio de suas determinações concretas.

Filosoficamente, esses acidentes são modos de ser, perfeições, formas secundárias que determinam o **ser** por excelência, a substância. Aristóteles os chama *on tos on* (*ser do ser*, literalmente). Os acidentes são considerados como tais pela proximidade que têm com a substância, que é a base de tudo.

A união "matéria segunda/forma acidental", embora se possa processar sob a ação de um agente estranho, não significa que a forma poderá passar a ser um agente acionado (a substância-sujeito). Nesse caso, o agente concorre apenas para que o que estava em potência na dita matéria se torne atual. O processo de **geração** de novo acidente em alguma substância tem como princípios, portanto: a **matéria** (a substância ou mesmo o corpo em seu estado concreto), a **forma** (o acidente como tal em sua natureza própria) e, como se trata da passagem da não existência desse acidente à sua existência, a **privação**.

Nesse processo de geração do acidente, sob o qual a substância é o que permanece, o que não é sensível define-se pelos seus termos. Todo e qualquer movimento não constitui algo absoluto, e sim algo essencialmente relativo: ele é compreensível somente pela **forma** à qual tende – e é só com vista a esta que lhe cabe **ser** e **atualidade**.

As formas acidentais, ou seja, os acidentes em sua natureza (ou, se quisermos, em sua essência), são, portanto, os pontos fixos no contínuo processo das transformações acidentais, assim como a substância é o seu substrato permanente.

Em si, à forma acidental compete certa unidade e uniformidade (imutabilidade), isso, porém, somente quando consideradas *in abstracto*. Na realidade, não existe, por exemplo, brancura como tal, mas unicamente corpos brancos. Em outras palavras, a forma acidental multiplica-se nos vários corpos que a possuem ou ela é individualizada pelo fato de ser forma segunda desta matéria segunda.

Podemos dizer que, pela distinção "substância/acidentes", "ser em potência/ser em ato" e "princípios intrínsecos/princípios extrínsecos", Aristóteles encontrou um meio de apanhar, em conceitos bem definidos, o mundo dos fenômenos ou das transformações. Ao contrário de Heráclito, que tinha absolutizado o movimento, Aristóteles se acha capaz de discerni-lo daquilo que goza realmente de certo caráter absoluto: a **substância** e a **forma acidental**.

Ao contrário de Platão, que "negava" a realidade material (propriamente dita) a esse mundo de fenômenos, Aristóteles pôde estudar filosoficamente e cientificamente, no sentido próprio da palavra, o movimento em si. Conseguiu analisar, também, as várias determinações acidentais ou secundárias, sem ter necessidade de recorrer a ideias separadas existentes em um mundo transcendental ao qual seu mestre Platão havia se refugiado. Ele discordou das distinções citadas e, principalmente, estudou a noção de **analogia** do ser que, em Aristóteles, foi o fruto de suas observações, de seu contato permanente com a realidade empírica, em suma, de sua atitude **realista**.

2.6.6 Hilemorfismo substancial

A teoria aristotélica dos acidentes como determinações segundas de um substrato – real, mas empiricamente imperceptível –, que é a substância já constituída como tal, é apenas uma parte da solução dada pelo filósofo ao problema central de toda a filosofia grega: a unidade e a multiplicidade e o ser estático e sua mutabilidade. A concepção hilemórfica dos seres exposta até aqui explica bem certas diferenças e certos movimentos, porém não todos.

Há, no mundo de Aristóteles, transformações muito mais radicais que os movimentos locais, quantitativos ou qualitativos. Nele, há o aparecimento e o desaparecimento de seres totalmente novos, de novas substâncias. Existem, nesse mundo, diferenças muito mais profundas que as puramente acidentais: há as diferenças irredutíveis entre as diversas espécies e as diferenças individuais entre os representantes de uma determinada espécie.

À base dessas diferenças, portanto, e da geração de uma nova substância devem estar princípios mais primários do que os que produzem a estrutura quantitativa e qualitativa dos corpos.

Em outros termos, Aristóteles, a fim de explicar a diversidade das substâncias e o fenômeno da geração propriamente dita, que é a geração substancial, tem de levar a sua análise até as raízes, realidade que é a substância corpórea, procurando descobrir os últimos princípios constitutivos. Isso vale tanto para uma transformação a que o pensador chamaria de *específica* quanto de um elemento para outro ou da geração de um novo indivíduo dentro da mesma espécie. Para compreender a solução de Aristóteles, cabe lembrar mais uma vez que o caminho do Estagirita seguiu, originariamente, uma orientação francamente platônica, e que mesmo suas diversas teorias não podiam deixar de trazer o selo do pensamento de seu mestre, Platão, embora os resultados obtidos por Aristóteles tenham sido muito diferentes.

Como já mencionamos, o principal problema de Platão foi o de dar conta, suficientemente, da materialidade das coisas, isto é, de sua multiplicidade, sua limitação, seu devir, e explicar a participação desta no "ser" das **ideias**. O que quer que seja da solução dada em *Timeu e Crítias ou A Atlântida*, o fato é que Platão lançou nela a teoria da **forma** como elemento determinante, e da **matéria** como princípio explicador da multiplicidade e do devir. Foi a essa orientação que Aristóteles obedeceu quando viu nos seres concretos uma composição hilemórfica, no sentido de os acidentes serem o elemento determinador da substância.

A experiência (mesmo a empírica) mostrava a Aristóteles a inexistência da **qualidade** como tal, como que em uma massa depositada em qualquer lugar. A **qualidade** tampouco podia passar de um agente a um paciente nem ser concebida como algo espiritual, uma ideia de que os seres **participassem**. O domínio das qualidades dos corpos e de seu constante intercâmbio impunha-se com demasiado vigor à sensação e à inteligência do observador como sendo algo bem concreto (não era possível recorrer a uma explicação mítica para a compreensão da qualidade dos corpos).

Para Aristóteles, os acidentes constituem **formas**. No entanto, são determinações bem concretas (tiradas *hic et nunc*) da potencialidade da própria substância a quem informam e de quem recebem a sua individualidade, sua diferenciação.

Vê-se, portanto, que o Estagirita, aplicando à relação acidente-substância a noção de forma-matéria, conserva de Platão apenas a orientação fundamental e a terminologia, mas não o sentido. Isso pode ser observado porque, nesse particular, ele pôde se basear totalmente na experiência, ao menos quanto à origem e à natureza das **formas acidentais**. Nesse caso, a substância, cujo existir lhe era patente pela reflexão sobre os dados da experiência, escapava, em sua natureza própria, à observação empírica. Convém guardarmos esse fato para não cairmos no erro de representar, empiricamente, os princípios constitutivos da substância – que são, sim, princípios reais, ontológicos e até físicos, se quisermos, mas não empíricos, ou seja, **físicos** no sentido das ciências modernas. Comparados com o que o cientista chama de *físico*, os primeiros princípios da substância corpórea, como os entende Aristóteles, são princípios **metafísicos**, do mesmo modo que sua **física**, enquanto filosofia da natureza, é **metafísica** do mundo material.

Na investigação dos primeiros princípios da substância, isto é, dos princípios que estão à base das diferenças específicas ou individuais e daquilo que Aristóteles chama, às vezes, de *geração absoluta* e *corrupção absoluta*, ainda predomina, originariamente, a problemática platônica.

Desde Sócrates e Platão via-se a essência do saber na formação e na união de conceitos universais. Aristóteles compartilhava dessa teoria que, aliás, vinha-lhe sendo confirmada pela experiência interna, atestando que, de fato, o intelecto humano conhece as coisas como **universais**. Ora, a esse conceito deve corresponder algo na realidade, e Aristóteles dá razão a seu mestre quando diz que esse algo, tendo os caracteres de unidade e imutabilidade, determina de alguma maneira a natureza dos seres que dele participam. Em outros termos, esse algo é a **forma**, especificamente uma, de vários indivíduos.

Aristóteles dá ainda razão a Platão quando afirma ser a **matéria** o princípio, a condição indispensável para que a **forma**, que é uma só realidade e inalterável, possa ter multiplicidade e ser sujeita ao **movimento**. Em um ponto, porém, Aristóteles se afasta de seu mestre. Sabendo que o conceito **universal** não é intuição (de uma realidade supramundana), mas sim produto de abstração do conhecimento sensorial, o qual, por sua vez, representa diretamente o concreto, individual, Aristóteles procura, logicamente, o *eidos*, a forma ou essência nesse mesmo individual concreto. Por outro lado, para Platão a matéria multiplicadora e individualizante era apenas sujeito receptor de imagens plasmadas pela mão do demiurgo sobre o modelo das ideias, ficando ela, por assim dizer, fora da constituição dos seres – e vai além, pois só os seres individuais são reais, e, portanto, o princípio da individuação deve ser algo real, que contribui realmente para constituir o ser.

O que afirmamos aparece bem claramente no fato de que Platão chamava a **forma** apenas de *eidos*, ideia, protótipo. Aristóteles dá a ela o mesmo nome, mas chama-a, sobretudo, de *princípio imanente*.

O primeiro sentido, pois, do hilemorfismo de Aristóteles, um sentido ainda de certo modo platônico, é o da essência – universal, eterna, necessária – realizada no indivíduo ou multiplicada pela matéria. A esse sentido platônico, Aristóteles trouxe a devida correção, negando a existência de essências ou formas separadas – existem somente os indivíduos. A existência de ideias é desnecessária e até impossível, porquanto elas não são princípios constitutivos, intrínsecos aos seres materiais, conforme visto em Platão.

Notamos, de resto, que o Estagirita apenas constata o fato de as essências serem multiplicadas pela matéria. Ele mal deixa entrever e muito menos procura solucionar o problema do princípio da individuação (tão debatido entre os filósofos medievais), ou seja, a questão de como a matéria primeira, puramente indeterminada, pode constituir positivamente o princípio de determinada individualidade.

Procurando evitar equívocos, convém-nos dizer que, nessa visão de Aristóteles – dos seres compostos de forma = espécie e matéria = princípio de multiplicação de vários indivíduos dentro dessa espécie, não se deve cair no absurdo de pensar que uma abstração, um universal (no sentido lógico), seja o princípio ontológico de um ser real que é o indivíduo. A essência de que falamos, e que é recebida na matéria, é algo real, embora não empírico e incapaz de existir por ela mesma. A **essência**, por exemplo, o **ser homem**, ainda que não seja simplesmente idêntica à forma substancial – no caso, a alma na realidade –, coincide com ela. Portanto, a forma substancial é portadora primária dos caracteres específicos, e é só por ela que esses caracteres se comunicam com a matéria. É pela forma substancial, unida à matéria, que a espécie tem realidade.

Com essa observação, chegamos a outro sentido do termo *hilemorfismo*. Para Platão, a forma era apenas *eidos*, isto é, ideia, exemplar ou protótipo, enquanto a matéria era considerada como receptáculo, como uma tela sobre a qual eram projetadas imagens, fracos vislumbres dessas ideias*.

Aristóteles, ao contrário, dá à forma o nome de *morphé*, o que indica tratar-se de uma coisa intimamente ligada à matéria; ou a chama ainda de *enteléquia*, termo que encerra a convicção de que a forma é realmente o princípio do qual depende toda a perfeição de um ser, ou seja, toda atividade busca alcançar um fim. Isso é imanente a todos os seres.

Essas noções – assim como a noção da matéria primeira como **potência**, como aquilo de que se deduz a forma, como princípio substancial de que a forma precisa para poder subsistir – foram todas deixadas por Aristóteles. Ele as elaborou e aperfeiçoou pela análise filosófica do processo do devir substancial, quer se trate de devir de uma substância de outra espécie, quer se trate da geração de um indivíduo dentro da mesma espécie (sempre sabendo que de nada, nada se faz).

---

* Em *Timeu e Crítias ou A Atlântida*, Platão se serve da comparação de uma fêmea, ou mãe; para os antigos, o elemento feminino era puramente passivo, receptivo, no processo de geração.

Não se deve considerar o desaparecimento de uma substância ou o aparecimento de uma nova como se fosse o aniquilamento de uma substância e o começo absoluto de outra. Todo o devir se processa com base em alguma coisa, de tal maneira que deve haver um sujeito comum à matéria e à forma, o qual é a **matéria**, tendo a **forma** aquilo que desaparece ou aparece, respectivamente.

De si, a matéria é indiferente a esta ou aquela forma. Como primeiro sujeito de todo o devir, ela não possui nenhum ato. Para concorrer efetivamente com o devir de uma nova substância, é preciso que ela perca, primeiramente, o seu próprio ato (privação). Não se deve entender isso no sentido de a matéria primeira ser reduzida, em dado momento, ao estado de pura potencialidade ou indeterminação (que lhe convém, segundo sua natureza própria). Esse estado não é senão uma abstração.

Ao contrário, a matéria é algo, e somente em virtude da forma, e esta a comunica sempre sob certas condições: toda a forma requer um mínimo de organização; se ela é destruída, já se preparam, simultaneamente, outras disposições que dão lugar à outra forma. Nunca, em nenhum lugar, nem sequer momentaneamente, temos a fazer a matéria primeira como tal. Na medida em que determinado ser se torna incapaz, por assim dizer, de reter uma forma substancial (devido às suas disposições alteradas), ele já adquire outra. Pode ser que essa nova forma ainda não possua toda a perfeição que lhe é devida, mas o certo é que é ela que sustenta, doravante, o ser (ela já é, desde o começo, a forma substancial) e dirige toda a atividade ou evolução do novo ser. Este, portanto, se explica, por um lado, pelas evoluções do ser precedente, mas se define, principalmente, mesmo no seu devir, pela forma definitiva a que tende.

Ao dizer que cada forma substancial requer um mínimo de estrutura, não queremos com isso afirmar que as disposições acidentais sejam anteriores à forma. Como a forma nunca encontra a matéria primeira em estado puro – a fim de recebê-la somente –, mas, sim, deduz-se da potencialidade, não de qualquer, mas dessa matéria, temos o direito de nos exprimir assim, ao menos para a ordem do devir. Na realidade, na ordem do ser, a forma é simplesmente o primeiro ato, o que comunica o ser simplesmente, a começar do **ser substância** até as propriedades e mesmo os acidentes. Portanto, nessa mesma ordem do ser, a forma tem como sujeito próprio a matéria primeira, e não uma matéria já estruturada, com a qual forma um todo.

A matéria primeira, na concepção de Aristóteles, não possui, de si, nenhuma determinação. Por conseguinte, ela não está sujeita a nenhuma alteração. Sendo que ela é o substrato de si, indiferente a qualquer forma, para toda a geração e corrupção, Aristóteles a põe como eterna. Como a matéria nunca existe sem a forma, logo, o mundo é eterno – Aristóteles concebe a forma também como eterna, isto é, ele a absolutiza, de certa maneira, dizendo que a natureza ou espécie é eterna, enquanto os indivíduos são mutáveis e se sucedem mutuamente.

Portanto, a eternidade do mundo para Aristóteles é uma consequência de sua teoria da matéria (pura potência) e da forma (ato simplesmente primeiro), e não uma ideia preconcebida ou afirmação gratuita, como o era a doutrina de Platão a respeito das ideias.

Aristóteles não se indaga sobre temas da cosmogonia. Ele quer apenas descobrir, pela análise do mundo existente e notadamente do devir, os princípios da unidade e multiplicidade dos seres e de seu movimento. Esses princípios são, em última análise, de caráter metafísico, que não podem ser identificados com algo empiricamente perceptível.

As teorias científicas de Aristóteles já podem ter sido suplantadas – e, mesmo de um ponto de vista filosófico, nem tudo o que ele chama de *geração substancial* o é –, mas, apesar disso, sua teoria do "ser", com as noções de **natureza específica**, **substância** e **acidentes**, constitui ainda hoje uma valiosa hipótese de trabalho, mesmo para os cientistas naturais.

2.6.7 A teoria aristotélica da alma

De Aristóteles nos vem o primeiro tratado intitulado *Sobre a alma* (*Peri Psychês*), no qual o Estagirita não somente sistematizou a doutrina filosófica da alma, mas também trouxe amplas referências a seus predecessores, de maneira que o famoso tratado é uma das fontes mais ricas que temos da noção de alma dos filósofos anteriores.

Além do tratado sobre a alma, temos ainda uma série de escritos que abordam questões particulares concernentes à alma ou à vida (como a sensação, a memória, o sonho, entre outros). Nesses escritos menores, Aristóteles trabalha com um vasto material experimental.

Quase todos os comentadores do filósofo estão de acordo em colocar as obras psicológicas do filósofo no quadro genérico dos escritos **físicos**. Em outras palavras, eles consideram a psicologia aristotélica como parte do seu sistema *hilemórfico*. De fato, nós encontramos a **alma** sempre como **forma**, no sentido de uma realidade física oposta à matéria (também como realidade física), ao mesmo tempo em que essa alma se nos apresenta como ato em relação à matéria primeira. Ou seja, a psicologia de Aristóteles é não somente **filosofia natural** da alma, mas também, e acima disso, metafísica da alma. Ele não só estuda a alma e suas particularidades, suas faculdades, suas funções, mas, antes de tudo, seu ser.

O filósofo prossegue, em seu **tratado sobre a alma**, estabelecendo, antes de qualquer coisa, o objetivo desse estudo: descobrir a natureza e a substância da alma, assim como seus atributos.

Daqui se determina o método. Aristóteles (2010, p. 54) o resume nas seguintes perguntas: "Qual a categoria do ser a que a alma pertence?

Quantas partes ou quantas espécies de alma há? Existe uma definição (unívoca) aplicável a todas as almas?".

De modo geral, as respostas a essas perguntas sugerem que: a) a alma pertence à categoria da substância, portanto, ela é forma (ato); b) as diversas substâncias viventes e, consequentemente, as suas **almas**, não são **tão iguais** que uma única definição possa dar todas as suas características nem tão diferentes que não se possa reconhecer uma nota comum.

Aristóteles sugere uma definição que contém apenas as notas distintivas da forma ínfima de vida, a qual se acha em todos os viventes, mesmo os que, além dela, possuem ainda outras manifestações de vida e, portanto, uma alma superior, que possui, virtualmente, a vida **inferior**. Ele sugere também uma definição que se aplica às várias espécies de alma analogamente. Finalmente, o filósofo, com base nas observações das várias formas de vida, distingue diversas potências da alma que inerem àquela como o acidente inere à substância.

Todos esses pontos, aliás, são elucidados pelo Estagirita no decorrer de seu tratado, que estuda, primeiramente, a alma em geral, depois a alma **vegetativa** com suas faculdades e, em seguida, a alma **sensitiva**, com as respectivas potências. Por fim, a alma intelectiva e os poderes que lhe são próprios.

Aristóteles dá duas opiniões de alma:
1. ato primeiro do corpo físico organizado;
2. aquilo pelo qual temos a vida, a sensação, a locomoção e a intelecção em ato primeiro.

Nessas duas definições, ele mantém a noção geral de seus predecessores de que a **vida é automovimento*** e de que a alma é o princípio

---

* Para Aristóteles, *automovimento* implica em dois componentes: um que move (a alma) e outro que é movido (o corpo), e os dois constituem o organismo vivo.

deste, o **motor imóvel**. De resto, Aristóteles se propõe a tornar bem precisas essas noções.

O que o Estagirita afirma nessas suas definições, ele quer que seja tomado bem a sério. A alma não é apenas princípio da vida e das operações vitais, de um modo qualquer, como nas concepções de seus predecessores; ela não é nada material, mas também não é um ser do mundo **ideal**, encarcerado no corpo.

Aristóteles considera a alma como sendo formalmente **princípio vital**, isto é, aquilo que distingue os viventes dos não viventes, que lhes dá este ser específico, que é a vida – aquilo que está à base de todas as operações vitais, como causa formal e eficiente e para a qual todas essas operações convergem como causa final (*entelequia*). É o filósofo de Estagira quem opõe, definitivamente, a alma ao corpo que ela vivifica, mas quem, não obstante, liga definitivamente os destinos da alma aos do corpo, de que afirma ser ela a forma.

A essa concepção o levaram, e não em último lugar, os seus estudos biológicos e fisiológicos, mas, sobretudo, seu senso da realidade concreta e o sentido lógico e metafísico. Ao Aristóteles **realista**, que combatia o "dualismo" platônico entre **mundo material** e **mundo ideal**, repugnava a noção de uma alma que fosse uma estranha nesse universo terrestre. Para ele, a alma é, em primeiro lugar, forma do corpo e pertence à hierarquia dos seres que compõem esse mundo real.

É verdade que a noção aristotélica da alma (espiritual) como forma do corpo oferece certas dificuldades, e as próprias observações do filósofo acerca do caráter substancial e espiritual não são sempre claras. Não é de se admirar, pois, que os pensadores cristãos mostraram-se sempre hesitantes em aceitá-la integralmente, e que, sobretudo na Idade Média, houve grandes controvérsias a esse respeito.

Como para Aristóteles a alma humana compreende em si todas as virtudes da alma vegetativa e sensitiva (ele trata de cada uma das almas separadamente), temos que ver brevemente o que ele nos diz a respeito de ambas.

2.6.7.1 A alma vegetativa

É o princípio próprio das plantas. Aristóteles a descreve como aquilo que tem o "poder de nutrir e reproduzir". É claro que essa alma está totalmente ligada à matéria, tendo a dupla função de comunicar o ser substancial à matéria primeira e de vivificar (de nutrir e reproduzir) o corpo ou matéria organizada. Em outras palavras, a alma está interligada com a matéria primeira, e ela é alma supondo, na ordem lógica, a organização da matéria – na realidade, essa organização é feita pela alma e para a alma.

Aristóteles mostra que o crescimento dos viventes, a começar pelas plantas, não pode ser simplesmente efeito da ação dos elementos que a compõe. Ele se baseia no fato de haver um limite e uma razão ao crescimento, com relação ao todo e às partes entre si. Com efeito, a matéria segunda por si só é indiferente a qualquer aumento. Se há um limite, este deve ser posto por um princípio não material; se há proporção, esta provém de um fator que ocupa o todo, que, por sua vez, não pertence à matéria, visto que qualquer uma das partes desta não é o todo.

Nesse contexto, Aristóteles critica as opiniões de certos predecessores de que o fogo e o calor movem o corpo. Ele faz ver que, antes, é a alma que age sobre a substância quente (o alimento), transformando-a e assimilando-a. Portanto, o quente só move o corpo depois de ser movido pela alma. Com isso, Aristóteles também refuta outra objeção: se para o crescimento é preciso que seja o organismo alimentado pelo **semelhante** (a ele) ou pelo **dessemelhante**.

A questão, opina ele, é de pouca relevância, pois antes de receber, definitivamente, o alimento em sua própria substância, o organismo – ou melhor, a alma – assemelha-se a si.

A nutrição (e seu efeito, o crescimento), sem dúvida alguma, tem como finalidade a conservação do todo do indivíduo. Mas, acima disso, este tende também à **participação do eterno e divino**. Ora, o processo de nutrição e crescimento da vida individual está condenado a cessar, mais cedo ou mais tarde, e a vida individual perece. Por isso, cumpre dizer que, em última análise, esse processo tende à conservação da espécie por meio das faculdades da reprodução.

2.6.7.2 A alma sensitiva

Mais do que a vida e a alma dos vegetais, Aristóteles se ocupa da vida sensitiva. Como sempre, também aqui ele refuta os erros antigos e procura ultrapassar as concepções primitivas e, por vezes, grosseiras destes.

Vejamos apenas os pontos essenciais da doutrina sobre a alma sensitiva, sem entrarmos nas teorias biológicas e fisiológicas de Aristóteles.

Não pode haver nenhuma dúvida de que Aristóteles considera a alma sensitiva como **forma substancial** do vivente sensitivo. Ora, desse fato, podemos deduzir que há, nesse vivente sensitivo, uma só alma, e não duas. Isso ocorre porque a **forma substancial** ou **ato primitivo**, isto é, o que confere o **ser** próprio a alguma coisa, só pode ser um.

Quer Aristóteles, então, dizer que a alma sensitiva é a mesma que a vegetativa, só com acréscimo de alguns **potenciais**? Ou que a alma vegetativa seria tão somente uma alma sensitiva rudimentar (ou atrofiada, segundo o caso), em que todas as forças teriam ocasião de desdobrar-se? O que Aristóteles diz sobre os graus de vida, sobre a possibilidade de serem separados um do outro, sobre as diferenças fundamentais das operações vitais vegetativas e sensitivas, assim como também tudo o que escreve (em outros opúsculos) sobre a organização dos animais, permite a conclusão de que entre a alma vegetativa (das plantas) e a alma sensitiva (dos animais) há uma distinção essencial.

Se nos entes sensitivos encontramos operações vitais vegetativas, estas, no entanto, distinguem-se das operações vitais vegetativas das plantas pelo fato de pertencerem a um princípio vital mais elevado e que se manifesta para nós como um só: é o mesmo animal que vive e que conhece. A **vida** puramente vegetativa, que nas plantas pode existir só, como tal, nos animais é a base, inseparável, para a vida sensitiva. A vida vegetativa dos animais tem, como finalidade essencial, formar os órgãos sensoriais, ao mesmo tempo em que as faculdades sensitivas dirigem, até certo ponto, a vida vegetativa.

Enquanto nas plantas a sensação obedece a leis fixas e tem possibilidades bem limitadas, nos animais ela desempenha um papel importante na procura do alimento e na reprodução.

Sobre a unidade da alma sensitiva, Aristóteles não profere muitas palavras. Mas uma coisa é certa: segundo ele, as potências vegetativas e sensitivas do animal (ao menos a mais fundamental delas, o senso tátil, e um senso rudimentar de prazer e desprazer) não estão justapostas umas às outras. Para ele, são, sim, as propriedades que **determinam a alma**, da mesma maneira que a alma é a sua **causa fundamental**, sua forma (Aristóteles, 2010).

Com esse duplo aspecto das relações entre a **alma** e suas potências, Aristóteles nos diz, por conseguinte, que a alma dos animais é essencialmente diversa da das plantas. Ele diz isso porque ela é **determinada**, diferencialmente, por assim dizer, pelas potências sensitivas, ao mesmo tempo em que pode ser considerada raiz comum tanto das potências vegetativas quanto das potências sensitivas.

2.6.7.3 A alma intelectiva

Essa parte da psicologia de Aristóteles que concerne, especialmente, à alma humana e suas faculdades, tem oferecido uma série de problemas, desde os comentadores mais antigos até os exegetas modernos. Antecipando, sintetizam as questões como se segue:

- O que, exatamente, nos ensina o Estagirita sobre a espiritualidade e a substancialidade da alma intelectiva? (Que Aristóteles tenha ensinado o fato de que a espiritualidade da alma está fora de toda dúvida.)
- Qual é a relação entre a alma intelectiva como tal, o intelecto (faculdade) em particular e as potências sensitivas e vegetativas?
- O que nos ensina Aristóteles sobre a origem e a imortalidade da alma intelectiva?

Como veremos, houve comentadores que, baseando-se exclusivamente no que Aristóteles diz sobre a alma (forma do corpo), e não podendo conciliar com isso a afirmação do mestre a respeito do caráter imaterial do conhecimento intelectivo (e da potência de que emana a intelecção), chegaram a dizer que a alma humana, no sentido de **forma** do corpo, só pode ser a alma vegetativa e sensitiva, que nasce e perece com o corpo. Assim, o intelecto imaterial – que, aliás, Aristóteles diz que vem de fora – seria um puro espírito supraindividual, que viria juntar-se, temporariamente, aos indivíduos. Foi isso o que ensinaram, entre outros, Alexandre de Afrodisias, Averróis e os averroístas latinos do século XIII.

Outros comentadores, ao contrário, querendo manter a um só tempo a substancialidade da alma humana (sem dúvida ensinada por Aristóteles, ao menos implicitamente), procuraram atenuar o conceito de **forma**, que, segundo eles, se aplicaria à alma em um sentido metafórico. Alguns pensadores, por fim, como santo Tomás de Aquino, acharam ser indiscutível a doutrina de Aristóteles de que a alma humana é *forma* no sentido estrito da palavra, mas uma forma *sui generis*, que é independente da matéria, capaz de subsistir sem ela. Portanto, é necessário examinar de perto o que o filósofo de Estagira nos diz a respeito da alma intelectiva.

Primeiramente, Aristóteles afirma – depois de ter enumerado várias vezes as diversas operações vitais e as respectivas potências que não são achadas em todos os viventes – que o ser humano possui, além das internas, o intelecto. Logo em seguida, ele estabelece a unidade de todas as potências em uma só raiz, a **alma** como tal, dando como exemplo uma figura geométrica perfeita que inclui outras figuras menos perfeitas. Temos ainda outras passagens em que Aristóteles afirma haver uma só alma no homem, a qual produz várias operações, é verdade, mas que a consciência nos atesta como estritamente uma: sabemos que somos nós, o nosso **eu** que **vive**, que **sente**, que **intelige**, e esse **eu** exige uma forma, um princípio formal único.*

Nesse contexto, que estabelece a unidade do **eu** que vive, sente e intelige, e antes de explicar as relações entre alma e corpo, Aristóteles levanta, em forma de simples dúvida, o tema da espiritualidade da alma intelectiva. A respeito do intelecto e da razão, o Estagirita diz que ainda não está claro o que são; parece, antes, tratar-se de um gênero particular de alma, que ela só é separada como se separa o Eterno daquilo que é corruptível. Quando às outras partes da alma (as potências vegetativas e sensitiva), é evidente, pelo que foi discutido, que não são separáveis, como alguns quiseram afirmar, mas que há uma diferença segundo o conceito (entre elas e o intelecto) é manifesto, pois o conceito de

---

* A definição de Aristóteles da *alma* como aquilo pelo qual vivemos, sentimos, inteligimos e nos locomovemos se aplica, em seu sentido pleno e próprio, ao homem, estando nela claramente expressa a consciência que temos da unidade e indivisibilidade do ser humano.

potência sensitiva difere-se do conceito de **razão** (potência intelectiva) (Reale, 1994). Portanto, também a sensação (o ato da sensação) difere-se do juízo (ato da inteligência). Já no Capítulo IV do Livro I (*Sobre a alma*), Aristóteles (2010, p. 50) havia se expressado assim, dizendo que "A inteligência [...] que habita no homem parece ser uma substância, e não ser corruptível".

Antes de examinar mais de perto o funcionamento do intelecto e assim esclarecer melhor a sua natureza espiritual, independentemente da matéria, Aristóteles não se cansa de afirmar que a alma é a forma substancial do corpo (mesmo a alma intelectiva, que já vimos ser uma, compreendendo todas as faculdades, sendo princípio único de todas as formas de vida):

[a alma] deve ser considerada, como ideia ou forma, não como matéria e substrato.

Como o composto de matéria e forma é um ser animado, evidentemente não é o corpo que é ato de uma alma, antes é esta que constitui a entelequia de um corpo determinado. Por isso têm razão aqueles que dizem que a alma, de um lado, não pode ser sem o corpo, de outro lado ela mesma não é corpo. Ela não o é; ao contrário, ela é determinação de um corpo. (Aristóteles, 2010, p. 67)

Ainda nesse contexto, Aristóteles se explica claramente a respeito da individuação da alma pelo corpo e se pronuncia, por razões metafísicas, contra a metempsicose, ou migração das almas.

É de se notar que, no Capítulo I do Livro II da mesma obra (*Sobre a alma*), Aristóteles, falando de uma parte da alma que não é entelequia de nenhum corpo, pergunta-se se essa alma não seria, talvez, **forma** do corpo, como o é o piloto no navio (sem formar, com ele, uma união substancial – esta havia sido a solução de Platão).

Se, por conseguinte, quisermos manter que existe um nexo lógico entre os capítulos I e II dessa obra, cumpre-nos dizer que, neste último, temos a resposta: por mais que Aristóteles esteja inclinado a atribuir à alma intelectiva um caráter imaterial e substancial (no opúsculo da **geração dos animais**, ele até diz que a alma intelectiva entra de fora* no composto humano), ele mantém firme a sua noção de "forma", negando categoricamente um liame puramente acidental entre o corpo e a alma. Assim, a alma não é apenas como o piloto no navio e não entra em qualquer corpo, mas forma com o **seu** corpo uma unidade substancial e individual.

No restante do Livro II, Aristóteles se ocupa da **sensação** que, para ele, implica em uma relativa independência das faculdades sensoriais (e com isso, da própria forma sensitiva) em face da matéria. Nos capítulos do Livro II, Aristóteles também mostra a diferença entre **animais perfeitos** (que possuem todas as faculdades sensitivas) e **animais imperfeitos** (que não possuem todas as faculdades sensitivas) – diferença que, no estado, não é essencial: a essência de animal está mesmo no vivente sensitivo mais imperfeito, portanto, este tem o sentido do **tato** e do **apetite**.

Dessa maneira, o homem, animal mais perfeito, possui todos os sentidos, e Aristóteles trata especialmente dos **sentidos internos**, sobretudo da **imaginação**, para criar, assim, uma transição aos capítulos do Livro II, que expõem a atividade intelectual do homem, sua característica específica, e que nos faz conhecer melhor a natureza da alma intelectiva.

Essa parte do tratado **sobre alma** foi chamada por um dos melhores conhecedores de Aristóteles de *ponto culminante* da psicologia aristotélica. Entretanto, ela é também o ponto crucial da doutrina do Estagirita sobre a alma.

---

*   Dado que Aristóteles entende o humano como um composto, nesse ponto ele compreende que há algo fora desse composto que passa a integrar o que seja humano; assim, a alma intelectiva não seria parte desse composto, mas viria de fora.

No início do Capítulo IV do Livro III (*Sobre a alma*), Aristóteles formula, mais uma vez, o problema: se a parte da alma, por meio da qual ela pensa, é **separada da matéria** na realidade ou se tão somente nós a concebemos como tal. A fim de resolver esse problema, Aristóteles diz que é preciso considerar o que vem a ser o **pensar**.

O pensamento tem isso em comum com a sensação de que ele é devido à influência vinda de um objeto – o filósofo nos faz ver mais uma vez que essa influência que os sentidos e a inteligência sofrem não é uma transformação físico-material, mas a recepção **intencional** de uma **forma**. No entanto, o pensamento se apresenta para nós, diz o filósofo, como distinto da sensação, pelo fato de ele poder estender-se a tudo, enquanto os sentidos só podem receber aquilo que os órgãos recebem. Em outras palavras, a limitação de cada sentido em particular provém de sua materialidade, isto é, do fato de eles serem potências **orgânicas**.

Daí podemos concluir que uma potência ilimitada, que pode receber tudo, deve necessariamente ser **imaterial** ou **espiritual**. Esse argumento é reforçado por outro semelhante: o intelecto não somente é capaz de receber todos os objetivos, mas os recebe ainda como **universais**, isto é, tirados de sua concretização material e de sua ligação-espacial. Além disso, a inteligência compara esses objetos, os une ou os separa nos seus **juízos**, nos quais (e só neles) se atinge a própria **verdade**, que é eterna. Temos, pois, todo o direito de concluir que o intelecto é **separado da matéria**. Por conseguinte, ele é, por sua natureza mesma, um daqueles seres que pertencem ao mundo dos puros **inteligíveis**, ou seja, um ser espiritual – o filósofo constata que a inteligência pode, de fato, pensar-se a si própria, consciência essa que vem a confirmar, *a posteriori*, a sua **espiritualidade**.

Um pouco adiante, nos capítulos VI e VII do Livro II, Aristóteles mostra como o pensamento – portanto, aquela atividade puramente

imaterial de uma potência igualmente imaterial – se liga, intimamente, a outras atividades a que o organismo tem parte e a suas observações, juntamente com aquilo que já vimos (consciência da unidade do ser humano, necessidade de uma **substância** espiritual para poder sustentar uma **potência** espiritual). Esses capítulos nos autorizam a dizer, mais uma vez, que Aristóteles está tão convencido da imaterialidade da alma, individual, como ele está convencido de que a alma intelectiva é forma do corpo humano, formando com ele a substância (individual, indivisa) do homem, da mesma maneira que qualquer outra **forma** dá o ser todo que ela compõe, juntamente com a matéria.

Até aqui, vai tudo muito bem. Mas há o Capítulo V, breve, aliás, que parece derrubar tudo o que foi dito até agora. Aristóteles não somente não nos explica como e porque a alma intelectiva pode ser, ao mesmo tempo, **forma** primeira do organismo e **substância espiritual**.

Nesse capítulo, ele estabelece a necessidade de um **intelecto agente**, que espiritualiza as imagens, em oposição ao intelecto **possível**, que recebe, contempla e une as imagens já espiritualizadas, livradas de sua concretização material. Aristóteles diz, entre outras coisas, que o **intelecto agente** é sempre **em ato**, **como a luz**, e parece ser anterior, no tempo, ao intelecto **possível** (ao menos na hipótese que se queira atribuir ao filósofo: a doutrina de um intelecto agente supraindividual). Além disso, o autor diz que **essa parte** (e ela só) **é imortal e eterna**, ao passo que a **razão passiva é perecível**.

Até hoje, não foi possível explicar satisfatoriamente essa passagem. O que podemos dizer é que Aristóteles, certamente, não se daria ao trabalho de provar longamente a espiritualidade e a incorruptibilidade do intelecto possível (pois é a ele que se refere o filósofo no Capítulo IV) para, logo em seguida, negá-las.

Não podemos, no entanto, determinar com exatidão o que Aristóteles quer dizer com a **razão passiva** e sua **corruptibilidade**, tampouco podemos ter clareza sobre a doutrina aristotélica a respeito do **intelecto agente**. Segundo alguns comentadores, mesmo entre os modernos, essa poderia ser uma inteligência supraindividual que **iluminaria** a nossa inteligência passiva (a qual, no entanto, seria também uma potência **espiritual**).

Sobre a **vontade**, outra potência **espiritual** da alma, Aristóteles pouco nos diz, a não ser que ela segue o intelecto e que apetece o bem como tal, a **razão** do bem, ao passo que o apetite inferior é cego e depende do estado orgânico.

Síntese

O principal objetivo deste capítulo foi abordar o tratamento dos pensadores gregos que moldaram a investigação metafísica. Depois de uma breve apresentação dos filósofos da natureza, os pré-socráticos, centramo-nos nas filosofias platônica e aristotélica, procurando extrair sua contribuição para a reflexão metafísica da realidade.

Indicações culturais

Filmes

A VIDA É bela. Direção: Roberto Benigni. Itália: Imagem filmes, 1997. 116 min.

Na Itália dos anos 1940, Guido (Roberto Benigni) é levado para um campo de concentração nazista e tem de usar sua imaginação para fazer seu pequeno filho acreditar que estão participando de um jogo, com o intuito de protegê-lo do terror e da violência que os cercam. Sugerimos que seja observada a criação de um mundo ideal, por parte de Guido, para que seu filho suporte as condições do mundo em que vivem, aludindo ao pensamento platônico.

JANELA da alma. Saramago: o mito da caverna. Direção: João Jardim, Walter Carvalho. Brasil: Copacabana filmes, 2001. 73 min.

Sugerimos assistir a esse filme para uma caracterização contemporânea do mito da caverna, de Platão.

Livros

GOLDSCHMIDT, V. **Os diálogos de Platão**: estrutura e método dialético. Tradução de Dion Davi Macedo. São Paulo: Loyola, 2002.

A leitura desse livro é altamente recomendável para quem deseja acompanhar o processo de compreensão atenta e cuidadosa de formação dos principais conceitos platônicos e da forma de seus escritos. Além disso, você encontrará uma vasta bibliografia sobre os textos de Platão.

ROSS, S. D. **Aristóteles**. Tradução de Francisco Lópes Martin. Madrid: Editorial Gredos, 2013.

David Ross é considerado um dos maiores especialistas no pensamento de Aristóteles. Esse texto representa uma das melhores contribuições para a investigação da reflexão filosófica do pensador grego. Sugerimos, nesse sentido, que você consulte esse livro para uma maior compreensão das obras e do pensamento aristotélico.

Atividades de autoavaliação

Analise as atividades a seguir e assinale a alternativa correta:

1. Os primeiros filósofos se dedicavam a:
    a) indagar sobre a natureza das coisas.
    b) justificar o mundo por meio da razão (logos).
    c) destruir o mito e o papel das divindades gregas.
    d) As alternativas "a" e "b" estão corretas.

2. Platão, discípulo de Sócrates e autor de *A República*, defende que:
   a) as ideias que o ser humano possui não são inventadas, mas recordadas.
   b) o diálogo é um dos mais importantes caminhos para a rememoração das ideias.
   c) a realidade é dividida em duas partes: sensível e inteligível.
   d) As alternativas "a", "b" e "c" estão corretas.

3. A concepção de Deus, entendido como *demiurgo*, pode ser encontrada:
   a) na filosofia pré-socrática.
   b) na filosofia aristotélica.
   c) na filosofia platônica.
   d) na filosofia tomista.

4. Segundo Aristóteles, a metafísica pode ser chamada também de *filosofia primeira*. Essa afirmação está:
   a) correta.
   b) incorreta.
   c) ilógica.
   d) inverossímil.

5. A razão e os sentidos são instrumentos para a produção do conhecimento. Essa proposição é:
   a) correta.
   b) incorreta.
   c) ilógica.
   d) inverossímil.

Atividades de aprendizagem

Questões para reflexão

1. Apresente as principais noções platônicas e sua relação com o mundo das ideias.

2. Comente sobre as contribuições mais relevantes de Aristóteles para a formação da metafísica.

3. Quais os elementos da metafísica aristotélica nos permitem compreender melhor a realidade?

4. Pode-se afirmar que a metafísica aristotélica consegue investigar, de fato, o "ser enquanto ser"?

Atividades aplicadas: prática

1. Assista ao filme *A Vida é Bela*, indicado na seção "Indicações culturais". Analise-o com base na perspectiva platônica "mundo aparente/mundo verdadeiro" e, em seguida, produza um texto que demonstre em que sentido a proposta de Platão indica a necessidade metafísica do Sumo Bem.

2. Analise a alegoria da caverna e descreva os elementos metafísicos da teoria das ideias de Platão.

3

A reflexão metafísica
na filosofia medieval

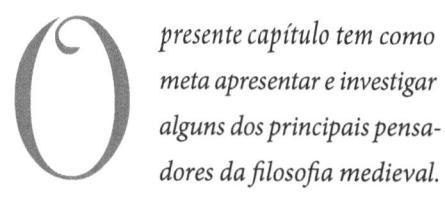

O presente capítulo tem como meta apresentar e investigar alguns dos principais pensadores da filosofia medieval. Com esse intuito, apresentaremos algumas ideias básicas da mentalidade que povoa a reflexão medieval para, em seguida, nos determos naqueles que deram uma contribuição significativa para a pujança da reflexão metafísica. Assim, os objetivos que deverão ser alcançados neste capítulo são: apresentar e analisar algumas das principais contribuições medievais na área da metafísica; compreender o pensamento de santo Agostinho, Boécio, santo Anselmo e santo Tomás de Aquino e a retomada dos clássicos gregos; além de estabelecer relações entre a metafísica e outras áreas do conhecimento.

É adequado afirmarmos que todos os filósofos gregos concordavam que o homem é algo que sobressai ao resto do universo e que a alma humana é a parte mais importante do composto chamado *homem*. Parece ser também um consenso que a alma sobrevive após a morte do corpo.

Nesse panorama, as duas mais importantes visões sobre o homem que tiveram uma influência decisiva na alta escolástica foram as de Platão e Aristóteles. Podemos incluir nessa influência, também, o neoplatonismo e alguns elementos do estoicismo. Para Platão, a alma é o verdadeiro ser do homem; ela é o espírito exilado no mundo material e sua única tarefa é vencer a matéria e retornar ao mundo a que propriamente pertence, qual seja, o mundo das ideias.

Enquanto na concepção platônica a alma é verdadeiramente o outro-mundo (o mundo das ideias), para Aristóteles ela é primordialmente a substância do corpo. Embora Aristóteles atribua à alma humana certo parentesco com a divina, toda a sua doutrina sobre a alma humana (não "materialista") revela-se inteiramente assentada e com os "pés no chão".

Na filosofia estoica, a alma era concebida como uma participação na alma cósmica ou no logos, algo de caráter monístico. Essa alma, um fragmento ou uma "centelha" da alma divina, é a verdadeira personalidade do homem. Além disso, a verdadeira sabedoria consiste em libertar o pensamento e o querer dos liames das coisas terrenas, empíricas ou particulares e conservar a alma em harmonia com a direção divina e universal do cosmos.

Quando o neoestoicismo se encaminhava para uma visão de mundo determinista, naturalista e de um materialismo rígido, surge outra filosofia, o neoplatonismo – que aparece como defensora da doutrina da imortalidade e da "redenção" dos grilhões do mundo material. Para

Plotino, a alma do homem é uma emanação da Alma Universal, que, por sua vez, provém do *noûs*, do Uno*, enquanto pensa e quer por si mesmo. Com relação ao neoplatonismo, que inclui, em certo sentido, um conhecimento místico e uma união com a divindade, sabemos da atração que exerceu sobre os filósofos cristãos. Sua influência foi muito poderosa na baixa escolástica pela mediação dos santos padres da Igreja e, em particular, de Agostinho.

Temos, pois, na Idade Média, duas vertentes de pensamento: a platônica e a aristotélica. Alguns pensadores se inclinavam fortemente para Platão, outros para Aristóteles, outros ainda partilhavam das ideias de ambos. Poucos "aristótélicos puros", os quais viveram no século XIII, podiam se livrar da influência de Platão, mas também poucos "agostinianos" podiam deixar de aceitar a terminologia de Aristóteles, a sua divisão das faculdades da alma e, mesmo, a sua definição da alma como a forma substancial do corpo.

Para os primeiros santos padres, a alma não era tanto um problema psicológico, mas, antes, ético-religioso. A sua principal preocupação não estava em produzir um sistema coerente de psicologia ou de ética, pois achavam que isso era dado na revelação e, consequentemente, nada de novo podiam encontrar na filosofia grega, ou seja, só poderiam tirar a confirmação da verdade revelada. A preocupação, portanto, residia no campo da apologética, para defenderem a doutrina da alma contra o gnosticismo, o maniqueísmo e outras heresias trazidas para a religião cristã.

No entanto, durante o século XIII e depois, certas heresias precisavam não apenas ser refutadas, mas também exigiam um esclarecimento de certas noções, tais como **natureza**, **pessoa**, **substância** etc.

---

* É uma ideia que significa "centro de onde derivam todas as coisas". Serve como princípio organizador do mundo, que é pura multiplicidade.

Além disso, alguns santos padres, com Gregório de Nissa, tornaram-se interessados pela antropologia. Estes, comentando o Gênesis, a criação do homem, o seu domínio sobre as coisas, sua queda e seu destino, especulavam não apenas teologicamente, mas filosoficamente sobre a "alma", sua relação com o corpo, sua natureza intrínseca, suas atividades e seu fim último.

Entre todos os escritores da patrística, a psicologia de Agostinho merece uma atenção especial, não apenas pela sua influência sobre a filosofia medieval, mas também por ser a sua doutrina uma das mais coerentes do seu tempo. Entre as principais obras de Agostinho temos: *As Confissões* (400), *De Trinitate* (400-416), *Contra os Acadêmicos* (386), *Solilóquios* (387), *De Libero Arbitrio* (388-395), *De Magistro* (389), *Espírito e Letra* (412), *De Civitate Dei* (413-426) e *Retractationes* (413-426).

Para Agostinho – e aqui está a diferença que o separa das fontes do neoplatonismo –, cada alma é uma entidade espiritual única, criada junto com o corpo e para esse corpo em particular. Às vezes, Agostinho parece sugerir que a alma, pelo menos enquanto "forma de um corpo", é transmitida pelos pais no ato da geração – doutrina chamada de **traducianismo**.

Não há dúvida de que, no que tange à espiritualidade da alma e às provas que Agostinho fornece da sua afirmação, tenha havido uma antecipação do *cogito** cartesiano. Para entender a natureza da alma, Agostinho confia muito mais na "introspecção" e na autoanálise do que na relação das faculdades da alma com seus respectivos objetos.

A nossa experiência nos mostra que somos um e que devemos conceber a alma como uma substância espiritual. Nessa "unicidade", vemos um prestígio da própria natureza de Deus. Ademais, a experiência

---

* *Cogito* se refere à celebre frase *"cogito, ergo sum"* (penso, logo existo), de Descartes.

nos mostra três diferentes operações do espírito: **intelecção, desejo** e **memória.** Nessas três, Agostinho encontra um vestígio da Trindade, uma vez que nelas o homem participa da eternidade de Deus (memória e autoconsciência), da verdade eterna de Deus (intelecto) e da sua infinita bondade (amor). Agostinho usa ainda outras analogias, encontradas na alma ou no ser criado, para mostrar o vestígio de Deus nos seres.

É, sobretudo, na capacidade e no desejo pela verdade eterna que Agostinho vê a prova da imortalidade da alma. Na sua capacidade para o bem e no amor, ele vê a essência última de toda a conduta moral do homem. Assim, a livre escolha ou livre arbítrio é a raiz psicológica da ética agostiniana. Essa noção de liberdade, um tanto negligenciada na filosofia grega, encontra nos santos padres um profundo interesse, quer do ponto de vista teológico, quer do ponto de vista filosófico.

A alma do homem ou intelecto (somente uma capacidade, um desejo), para conhecer a verdade, depende dos sentidos como ponto de partida. Mas, para atingir a "verdade eterna", não somente em si mesma (Deus), mas também representada nas coisas criadas, o homem precisa da iluminação divina. Essa "teoria da iluminação" como elemento essencial para o conhecimento, mesmo puramente natural, pode ser encontrada em alguns pensadores medievais que seguiram a psicologia e a epistemologia de Agostinho.

Os filósofos medievais, como os seus predecessores da patrística, aceitavam a doutrina escriturística da natureza da alma. Mas quanto ao que ensinava a filosofia com relação a essa natureza, eles apenas faziam concordar ou negar. Não obstante, quase todos os pensadores da Idade Média – exceção feita para os dialéticos, que estavam mais preocupados com a validade dos conceitos universais e com a lógica em geral – mostram um interesse filosófico para com o problema da alma. Em parte, isso se torna claro na sua tentativa de elucidar as atividades do intelecto e da vontade de classificar mais precisamente as faculdades da alma para estabelecer sua relação com o corpo. Isso acontece uma vez que, pela fé, o corpo não era visto como uma prisão, mas como a companhia destinada à imortalidade por meio da ressurreição no dia do Juízo Final.

Os filósofos da Baixa Idade Média seguiam, em geral, os ensinamentos de Agostinho relativos à substancialidade, à espiritualidade e à imortalidade da alma. Mesmo assim, alguns deles, como os da Escola de Chartres*, ocupavam-se com aquilo a que chamavam de *psicologia empírica*, estudando a psicologia do conhecimento do sentido, o efeito da luz, da cor, do som etc.

A investigação psicológica ainda ocupa um papel de destaque em assuntos como os órgãos dos sentidos, as funções vegetais do organismo humano e animal, além de outras questões com que entravam em contato nos tratados gregos e judeu-árabes sobre a medicina, a sensação dos sonhos, a óptica etc.

No pensamento da Alta Idade Média, as duas tendências básicas em psicologia platônica e agostiniana, por um lado, e aristotélica, por outro, mostram-se mais claramente distintas em diferentes autores: Alexandre de Hales, São Boaventura e outros representantes da escola

---

* A origem da Escola de Chartres remonta aos tempos do bispo Fulberto de Chartres (960-1028), mas seu momento mais efervescente ocorreu no século XII, com autores como Bernardo de Chartres (segundo Étienne Gilson – 1995 –, o nome mais importante da escola), Bernardo Silvestre, Thierry de Chartres, Gilberto de la Porrée (junto com Abelardo, o mais poderoso espírito especulativo do século XII, segundo Gilson – 1995) e Juan de Salisbury (a mais típica manifestação dessa cultura tão refinada, afirma Gilson – 1995). Igualmente importante nesse período foi a presença dos vitorinos, que, ao adotarem a filosofia de Agostinho, intentaram seguir a tradição cristã. Os principais autores dessa escola são Hugo de São Vitor e Ricardo de São Vitor.

franciscana. Às vezes (usando a terminologia aristotélica), defendiam mais a "autoconsciência" introspectiva orientada, a psicologia centrada em Deus e a epistemologia de Agostinho. Já Alberto Magno, santo Tomás de Aquino e outros seguidores da escola dominicana se fundamentavam mesmo em Aristóteles.

3.1
Metafísica e ética no pensamento de santo Agostinho

As Confissões é a obra mais significativa de Agostinho. Ele a escreveu com um estilo literário íntimo e penetrante, entre os anos 397 e 401, aproximadamente, ou seja, quando já estava consagrado bispo. O tema da obra é a sua própria vida e, por essa razão, alguns estudiosos a consideram um escrito autobiográfico, enquanto outros preferem interpretar como um livro de memórias. De todo modo, com essa obra, Agostinho cria um gênero literário novo, seguido nos tempos modernos por outra obra igualmente extraordinária, de Rousseau: Confissões, escrita entre 1764 e 1770. As Confissões* segue, ainda hoje, gozando de prestígio, pois representa um dos momentos célebres da literatura filosófica.

---

* Uma das mais citadas e discutidas questões filosóficas presentes na obra diz respeito à sua noção de tempo, expressamente ao presente, ao agora. O ser humano mensura o tempo referindo-se ao passado e ao futuro e fala de um longo período de tempo ou de um curto período de tempo. No entanto, o tempo apenas pode ser medido como presente, ou seja, o passado e o futuro são alguma coisa em relação ao presente. Mas o que é o presente? Na realidade, podemos apenas pressupor que o tempo, o presente, ao qual nos referimos, é o tempo interior, o tempo de nossa consciência. Essa consciência se estende ao passado por intermédio da memória, e ao futuro por intermédio da expectativa. A consciência dá unidade ao tempo. Passado, presente e futuro não são três tempos, mas três dimensões do mesmo e único tempo.

Segundo Étienne Gilson (1995), a ética de Agostinho forma uma só com a sua metafísica e a sua religião. O conhecimento ético é um caso particular da iluminação divina, que é, ela própria, um efeito das ideias divinas (justiça, amor, caridade). As definições de círculo e de esfera são verdades eternas e necessárias que julgam o nosso pensamento, e este, por sua vez, julga os círculos e as esferas particulares. Mas as verdades morais são tão imutáveis, necessárias e eternas quanto especulativas. Além disso, todo homem as vê na sua própria mente e elas são comuns a todos. Nesse sentido, todos parecem concordar que a sabedoria consiste no conhecimento pelo qual se obtém a **felicidade**; daí se infere que é necessário se esforçar para obtê-las.

"*Única razão de* filosofar é ser feliz; só aquele que é verdadeiramente feliz é verdadeiramente filósofo, e só o cristão é feliz, porque é o único que possui – e possuirá para sempre – o verdadeiro Bem, fonte de toda felicidade".

Fonte: Gilson, 1995, p. 133.

Muitas regras de sabedoria são claras, tais como respeitar a justiça, subordinar o inferior ao superior, tratar equitativamente as coisas semelhantes, dar a cada um o que lhe é devido etc. Todas essas regras, e muitas outras mais, constituem em nós as muitas expressões de uma ideia, de uma lei inteligível que é, para a nossa mente, uma luz. Há, portanto, uma iluminação moral das virtudes como há uma iluminação especulativa das cognições científicas. Em outras palavras, a mesma explicação metafísica considera a iluminação física dos corpos pelos números, a iluminação especulativa da mente pela ciência e a sua iluminação moral pela virtude.

As regras morais, cuja luz brilha em nós, constituem a "**lei natural**", e o conhecimento, ou a percepção dessa luminosidade, chama-se *consciência*. Mas a consciência moral e o conhecimento das virtudes não bastam para consumar a vida moral. O homem não é só intelecto, é também vontade, e enquanto a sua vontade não se conformar com as prescrições da verdade moral, não se pode dizer que haja moralidade. O modelo de ordem que se obteria em nós mesmos se encontra diante de nós, na natureza.

A sabedoria de Deus colocou tudo em seu próprio lugar e estabeleceu entre as coisas todas as relações que convêm às suas naturezas. A "justiça" física é o modelo ideal com base no qual as nossas ações deveriam se realizar. As quatro virtudes cardeais de prudência, fortaleza, temperança e justiça são expressões particulares da "lei eterna" – e que, vale dizer, funcionam como regras de conduta aplicáveis a problemas particulares da vida moral.

De modo inverso, a origem comum dos vícios morais é o injusto movimento da vontade que se recusa a conformar-se às prescrições da ordem eterna. Mais especificamente, os vícios são ações desordenadas da vontade, que prefere o deleite dos bens materiais ao gozo da verdade inteligível.

De acordo com Gilson (1995), um otimismo metafísico invade toda a doutrina de Agostinho. O filósofo nunca admitiu que a matéria fosse má nem que a alma do homem estivesse unida ao corpo em punição de seu pecado. Tendo superado o dualismo gnóstico dos maniqueus, ele jamais sofreria recaídas. Por outro lado, Agostinho nunca cessou de repetir que as relações presentes da alma e do corpo não eram mais como costumavam ser.

Entende-se, assim, que o corpo do homem não foi criado como uma prisão para a alma, mas foi isso que veio a acontecer como consequência do pecado de Adão – e o principal problema da vida moral é o escapar-se dessa prisão. O pecado, isto é, a transgressão da lei divina, resultou numa rebelião do corpo contra a alma. E é daí que nascem a concupiscência e a ignorância. Em vez de controlar o corpo, a alma é controlada por ele. Além disso, no estado de queda, o homem não pode salvar-se por sua própria força. Sendo uma criatura de Deus, o livre arbítrio era bom; mas uma vez que não passa de criatura, não podia ser perfeitamente bom. Em outras palavras, a queda do homem não era necessária, mas era possível. Agora, embora ele caia por seu livre arbítrio, este não é suficiente para levantá-lo de novo.

Percebemos que, em Agostinho, isso era mais que uma convicção abstrata. O momento decisivo na sua história pessoal foi o da descoberta do pecado e da incapacidade de superá-lo sem a graça de Deus, como também a experiência do seu êxito com o socorro divino. Essa deve ser a razão pela qual Agostinho, desde o começo de sua carreira e mesmo antes de conhecer Pelágio, escreveu contra ele como se o tivesse conhecido. As controvérsias antipelagianas, que começaram por volta do ano 412, somente o encorajaram a acentuar com mais vigor a necessidade da graça.

Para Agostinho, a liberdade plena não seria acessível nessa vida, mas tentar aproximar-se dela (nesse mundo) já seria um meio recomendável para obtê-la após a morte. O homem a perde ao afastar-se de Deus para o corpo e a recobra ao desviar-se do corpo para Deus. A queda foi um movimento de cupidez, enquanto o retorno ao divino é um movimento de caridade, que é o amor por aquilo que merece ser amado.

Expressa em termos de conhecimento, essa conversão para Deus consiste no esforço da razão humana em voltar-se do sensível para o inteligível. Enquanto está imersa nos objetos sensíveis, a razão se chama *razão inferior*; enquanto se esforça por romper os objetos sensíveis e elevar-se à contemplação das ideias divinas, ela é chamada de *razão superior*. Ora, tanto Platão como Plotino já sabiam que tal era o destino do homem.

Continuando com o estudo, vemos que o alvo da filosofia é a **felicidade**. Ser feliz pelo pleno gozo da sabedoria é ser verdadeiramente um filósofo. Mas, se seguirmos esse critério, só os cristãos são felizes, porque só eles possuem o verdadeiro Deus que é a fonte de toda a beatitude e, com a graça de Cristo, eles a terão para sempre. Desse modo, somente os cristãos a possuem, mas todos os cristãos a têm juntamente.

Nesse sentido, o que é chamado *povo*, *sociedade* ou *cidade* consiste em um grupo de homens unidos na busca pelo amor de um bem comum. Todos os homens, sejam cristãos, sejam pagãos, vivem nas cidades temporais, cujos membros se acham unidos pelo desejo comum dos bens temporais necessários à vida, também temporal. Mas, além de serem membros dessas cidades temporais, os cristãos formam uma outra, cujos cidadãos são homens que, vivendo pela mesma fé, estão unidos pelo seu amor comum ao mesmo Deus. Além disso, compartilham da mesma busca pela beatitude.

Se forem consideradas enquanto organizando-se em vista dos bens temporais e separadas de Deus, todas as cidades temporais podem ser vistas como formando uma única "**cidade terrena**". Essa história começa com os primeiros dias da humanidade. Já se foram considerados enquanto organizando-se dentro da igreja, cujo fim é conduzir os cristãos para a beatitude, todos integram uma única "**cidade celeste**", que pode ser precisamente chamada de *cidade de Deus*.

> *Na medida em* que a moral de Agostinho trata da *vita beata*, da vida feliz, da vida boa, pode ser qualificada como *eudemonista*. Essa felicidade é apenas plena na união escatológica com Deus. Ser feliz é participar da vida de amor de Deus. A prática da virtude é um caminho que transporta, todavia é um caminho insuficiente.

A progressiva construção da cidade celeste era o verdadeiro fim de Deus ao criar o mundo. O monumental tratado de Agostinho, A Cidade de Deus, tem exatamente por objetivo retraçar, em um audacioso resumo, uma teologia da história. Por esse panorama, todos os eventos históricos constituem os muitos momentos de execução de um plano previsto e querido por Deus. A história é a manifestação de um mistério – o mistério da caridade divina no constante trabalho de restaurar a criação desordenada pelo pecado.

Assim, para Agostinho, a predestinação dos escolhidos para a beatitude é a mais alta expressão dessa caridade. Por que uns devem ser salvos e outros não, isso é um mistério de Deus. Ao meditar sobre esse mistério, devemos lembrar que, desde a queda de Adão, o homem sozinho não tem nenhum direito de ser salvo. A salvação é uma obra de amor, não de justiça, e o mistério reside muito menos no porquê todos os homens não serem salvos do que só alguns o serem.

Mas uma coisa pelo menos é certa: Deus nunca condena um homem sem uma equidade completamente justificada, mesmo que a equidade da sentença permaneça tão profundamente oculta para nós que a razão nem sequer possa suspeitá-la.

De acordo com Gilson (1995, p. 134):

> *o grande mérito de Santo Agostinho consiste em haver levado a interpretação do texto [a Bíblia] até a imutabilidade do ser, por que esta interpretação é muito verdadeira,*

e deduziu dela, com talento, todas as consequências que continha. Para ir mais longe ainda se necessitava um novo esforço de gênio; essa haveria de ser a tarefa de santo Tomás de Aquino.

Como se pode perceber, Agostinho é um dos mais representativos pensadores medievais e sua contribuição filosófica pode ser interpretada como um dos esforços mais genuínos por compatibilizar fé e razão.

3.2
A patrística latina: Boécio

Entre os principais representantes da patrística latina, há dois que se destacam: Boécio e Dionísio Areopagita. Aqui, apresentaremos alguns elementos da contribuição de Boécio ao pensamento medieval.

Boécio é mais conhecido pelo seu trabalho *De consolatione philosophiae*. Sua obra, no entanto, é vasta. Ele traduziu (e comentou) os seguintes tratados lógicos de Aristóteles: *Categorias, Da Interpretação, Analíticos Anteriores, Analíticos Posteriores, Tópico* e *Refutações Sofísticas*. De Porfirio, o escolhido foi *Isagogé*. Boécio também compôs obras sobre o *quadrivium* (aritmética, geometria, música e astronomia) e tratados teológicos. Não é de se admirar que durante grande parte da Idade Média tenha sido considerado o mestre da lógica por excelência.

De consolatione philosophiae deixa transparecer uma clara influência neoplatônica. Boécio pertence à tradição de Platão, Plotino, Saccas, Porfírio e Proclo e, com base no neoplatonismo, interpreta Aristóteles. Para ele, Aristóteles e Platão não são filósofos que se contrapõem, mas que se complementam plenamente.

Boécio é, ainda, intermediador entre a Antiguidade clássica grega e o pensamento medieval. Suas contribuições ao vocabulário filosófico latino são notáveis. Como exemplo disso, podemos citar conceitos, definições e distinções que configuram o marco de referência de sua reflexão. Com traduções do grego, colocou em circulação conceitos como *ratio* (tradução da palavra grega *logos*), *intellectus* (*noûs*), *proportio* (analogia) e forma (*eidos*), para citar alguns. No campo da metafísica, a distinção entre *esse* e *quod est* é sutil e engenhosa. Com ela, Boécio não defendia a relação entre essência e existência, mas entre a substância (simples) e o ser substancial (composto).

3.3
O argumento ontológico de santo Anselmo

Santo Anselmo ocupa um lugar de destaque na história da filosofia e sua reputação deve-se principalmente por seu argumento acerca da existência de Deus, mais conhecido como *argumento ontológico*. Nele, Anselmo utiliza a distinção entre o que é dito segundo a palavra (*secundum vocem*) e o que é dito segundo a coisa (*secundum rem*). Se alguém pensa *secundum vocem*, é possível chegar a qualquer conclusão (como o insensato* da Bíblia – Salmos, 2015, 1: 52-1); todavia, se alguém pensa *secundum rem*, é impossível não concluir pela existência de Deus.

> *Proslogium*
>
> *Capítulo II – que Deus verdadeiramente existe*
> *Cremos, sem dúvida*, que Tu és um ser do qual não é possível pensar nada maior. Ou acaso que um ser assim não existe porque o "insensato diz em seu coração: Deus não existe"? Porém, o insensato, quando eu digo "o ser do qual não se pode pensar nada maior", ouve o

---

* O insensato é aquele que questiona a existência de Deus. Na filosofia medieval, essa questão foi amplamente debatida, pois estavam preocupados em demonstrar a existência de Deus.

que digo e o compreende. Ora, aquilo que ele compreende se encontra em sua inteligência, ainda que possa não compreender que existe realmente. Na verdade, ter a ideia de um objeto qualquer na inteligência, e compreender que existe realmente, são coisas distintas. O insensato há de convir igualmente que existe em sua inteligência "o ser do qual não se pode pensar nada maior", porque ouve e compreende essa frase; e tudo aquilo que se compreende encontra-se na inteligência.

Fonte: Anselmo, 2008, p. 38.

Proslogium foi escrito entre os anos de 1077 e 1078 e constitui, junto com o *Monologium* (1076), as obras de reflexão sobre a existência e a essência de Deus. Todavia, enquanto no *Monologium* Anselmo utiliza três argumentos para demonstrar a existência de um ser soberano, supremo, "ótimo e máximo" de tudo o que existe (argumentos todos derivados da experiência), no *Proslogium* utiliza um único, contando apenas com o auxílio da razão.

Desde sua publicação, o texto de Anselmo tem suscitado defensores e críticos. O primeiro a se manifestar foi Gaunilón, um monge beneditino, com um opúsculo intitulado *Pro insipiente* (*A favor do insensato*). Gaunilón acusa Anselmo, nesse texto, de cometer um erro lógico: dar um salto da existência na mente do conceito de Deus como aquele "maior do que o qual nada pode ser pensado" à existência real daquele ser.

Ao se analisar esse conceito, não podemos nos referir a qualquer realidade conhecida, como questiona Gaunilón. Portanto, Deus poderia ser pensado como inexistente. Anselmo replica Gaunilón com uma defesa de seu argumento, reiterando que se pode pensar que existe também na realidade; do contrário, faltaria-lhe a perfeição. Sua resposta prossegue distinguindo entre intelecto e pensamento, sendo que o intelecto não pode negar a existência de coisas reais, ao oposto do pensamento, que pode negá-la.

Para termos uma noção do impacto desse argumento no debate filosófico, muitos foram os que se posicionaram: São Boaventura o aceita; Aquino o rejeita; Duns Scotus o reformula e aceita; Descartes o reformula; Kant o critica (a objeção kantiana é a mais famosa e é por seu intermédio que conhecemos o raciocínio de Anselmo como "argumento ontológico"); e Hegel o reconsidera.

3.4
O pensamento de santo Tomás de Aquino

O *pensamento medieval* é compreendido como uma fase da história da filosofia na qual a metafísica atinge seu ápice. Essa compreensão se deve aos inúmeros comentários que fizeram à *Metafísica* de Aristóteles. É preciso ter em mente que os pensadores latinos concebem a metafísica como ciência tal qual entendida no pensamento grego, a chamada *metafísica clássica*, e que essa interpretação só foi possível pela mediação dos pensadores árabes como Al-Fārābī (870-950), Avicena (980-1037) e Averróes (1126-1198). Tais filósofos conceberam a metafísica como a ciência mais elevada, por tratar o ser de forma integral, e que se adequava aos ensinamentos presentes no Corão, o texto sagrado dos muçulmanos.

Assim, a recuperação do texto aristotélico só foi possível pelo trabalho realizado no mundo oriental (bizantino, sírio e árabe). Isso não significa, no entanto, que a filosofia medieval era apenas um prolongamento do aristotelismo ou que possamos relacionar todo o pensamento medieval com a metafísica aristotélica. Aristóteles só passa a ser determinante no século XIII, por intermédio de santo Tomás de Aquino, na chamada *metafísica tomista*.

Aquino recolhe diversas tradições de pensamento para realizar uma verdadeira síntese altamente inovadora em suas obras. Pensadores como Aristóteles, Agostinho e Avicena ocupam um lugar de destaque em seu pensamento, tal como se pode interpretar em suas obras mais significativas: *Summa Theologica, Summa contra gentiles* e *De ente et essentia*.

Sobre essas obras, Gilson (1995, p. 508) expõe que:

para um estudo direto do pensamento de santo Tomás, tem-se que dirigir-se às duas Sumas. A exposição completa, todavia também a melhor simplificação que se pôde alcançar da filosofia tomista, encontra-se nas duas primeiras partes da Summa Theologica. É ali, nestas questões, que santo Tomás redige expressamente para principiantes, onde [sic] convém buscar a primeira iniciação ao seu pensamento.

Para o santo, as ideias de essência e existência ocupam um lugar de destaque na metafísica do ser. Para ele, o *ente* ou *ser* é aquilo que nosso entendimento percebe como o mais conhecido.

Tomás defende que existe uma diferença entre *essência* e *existência*, pois para os seres criados, o existir não é uma exigência de sua essência, enquanto para o ser divino, absoluto, necessário, sua existência não é exigida por sua essência mesma. As criaturas têm um ser e Deus toma esse papel – Nele, essência e existência se identificam absolutamente.

De Aristóteles, Tomás aceitou a divisão do ser em potência (possibilidade) e ato (atualização ou realização), divisão que desenvolve e aplica nas questões filosóficas e teológicas. Devemos ter em conta, no entanto, que, quando trata de questões acerca de Deus, Aquino deixa de ser apenas o discípulo de Aristóteles para converter-se nele mesmo. As ideias de potência e ato, dois pontos fundamentais da metafísica tomista, apoiam decisivamente sua demonstração da existência de Deus.

O ponto principal de sua teoria sobre ser está, decisivamente, na ideia de substância. Nesse sentido, sua metafísica é uma metafísica substancialista. Substância é uma coisa cuja natureza corresponde a **não existir em outra**; acidente é algo que corresponde, por natureza, ao **existir em outro**. O ser, sendo independente – o ser que existe em si mesmo e não em outro –, é o elemento primário, fundamental, da ideia de substância, que no sentido mais elevado se aplica a Deus.

A maior contribuição que marca a metafísica de Aquino pode ser considerada a doutrina filosófica sobre Deus, sendo mais conhecida pela doutrina das cinco vias para provar a existência divina.

3.4.1 As cinco vias para provar a existência de Deus

A primeira prova analisa a realidade do movimento e chega à conclusão da existência de um motor imóvel, sendo que a base para essa prova é a seguinte: nada pode mover-se por si mesmo, mas somente por outro (esse é o princípio da causalidade). Além disso, não se pode conceber uma série indefinida de causas. Resumindo: todo movimento tem uma causa, sendo que esta deve ser exterior ao ser que está em movimento. Assim, não se pode ser, ao mesmo tempo, o que é movido e o que é o princípio ou causa do movimento. Aquino foi o primeiro a introduzir esse raciocínio aristotélico na escolástica.

A segunda prova foi extraída da série das causas eficientes. Isso significa que há um limite na cadeia delas, e esse limite é a causa primeira, que não possui outra causa que seja o fundamento de sua existência – ou seja, nada pode ser causa eficiente de si mesmo. Desse modo, toda causa eficiente supõe outra, a qual supõe outra, sucessivamente. É necessário, portanto, que exista uma primeira causa da série, uma causa intermediária e uma causa última. Essa causa primeira é Deus.

A terceira prova está fundamentada nas noções de contingência e necessidade e leva à conclusão da existência de um Ser primeiro e necessário. Uma vez que seres contingentes só podem existir pela admissão de um ser necessário que lhe sustente, e sendo que não se pode admitir uma série infinita de seres necessários, Aquino defende ser Deus o Ser primeiro e necessário – ou seja, o Ser necessário por si mesmo e que é causa de todos os seres não pode ser outro a não ser Deus.

A quarta prova é aquela que se fundamenta nos graus de perfeição das coisas. O conhecimento dos diversos graus de bem e de verdade das coisas leva-nos ao conhecimento de um Ser Supremo perfeitíssimo, que é causa de todo bem e de toda perfeição nas coisas.

Por último, a quinta prova da existência de Deus – que tem caráter teológico e se inspira nas obras dos santos padres da Igreja. A tese é a seguinte: a ordem e a finalidade que se observa no mundo nos levam ao conhecimento de uma inteligência suprema ordenadora, e essa inteligência primeira e ordenadora da finalidade das coisas é Deus.

Essas provas, para Aquino, não são apenas o fundamento de nosso conhecimento da existência de Deus, mas também apontam o caminho das reflexões sobre a essência e os atributos divinos. Em resumo, tais provas contêm a demonstração de Deus como: a) primeiro motor imóvel e ato puro, sendo a mais pura realidade e sem nenhum grau de potencialidade; b) primeira causa (sem nenhuma outra causa) de todos os seres; c) ser eterno, necessário e perfeito.

De acordo com Aquino, citado por Gilson (1995, p. 512),

Assim alcança o metafísico, com a razão, a verdade filosófica oculta sob o nome que Deus mesmo se deu para fazer-se conhecer pelo homem: EGO SUM QUI SUM *(Bíblia. Êxodo, 2015, 3: 13). Deus é ato puro de existir, ou seja, não uma essência qualquer, como o Uno, ou o Bem, ou o Pensamento [...]. Deus é o existir mesmo* (IPSUM ESSE) *[...], o que se pretende dizer, ao afirmar que em Deus a essência se identifica com a existência, é que aquilo que se chama essência nos outros seres é, em Deus, o ato mesmo de existir.*

Como se pode notar com a seleção dos pensadores aqui analisados, o pensamento medieval está impregnado de vitalidade, de recuperação da filosofia e, ao mesmo tempo, situa-se em seu próprio tempo, enriquecendo os caminhos da reflexão metafísica.

Síntese

A *reflexão metafísica* foi o foco deste capítulo, com o estudo particular dos pensadores medievais que tiveram maior destaque. Nesse panorama, nomes como Agostinho, Boécio, Anselmo e Tomás de Aquino mereceram especial atenção. A retomada que fizeram dos clássicos gregos, bem como as contribuições que realizaram no campo da metafísica, foram apresentadas e analisadas, ainda que não exaustivamente.

Indicação cultural

Filme

SANTO Agostinho: o declínio do Império Romano. Direção: Christian Duguay. Itália: Paulinas Comep, 2014. 200 min.
O filme apresenta as principais questões sobre as quais santo Agostinho se posicionou e suas principais contribuições ao pensamento filosófico e teológico.

Atividades de autoavaliação

Analise as atividades a seguir e assinale a alternativa correta:

1. O cristianismo apropriou-se da investigação filosófica sobre Deus, passando a considerá-lo:
   a) Deus Criador.
   b) Deus como pensamento.
   c) Deus como Motor Imóvel.
   d) Nenhuma das alternativas anteriores.

2. A proposta do ser como ato é uma tese presente na metafísica:
   a) platônica.
   b) aristotélico-tomista.

c) agostiniana.
   d) kantiana.

3. As cinco vias para a demonstração da existência de Deus podem ser consideradas tipicamente platônicas. Essa proposição é:
   a) correta.
   b) incorreta.
   c) ilógica.
   d) inverossímil.

4. A ideia de *verdade* como adequação de um juízo à realidade pode ser chamada de:
   a) verdade ética.
   b) verdade ontológica.
   c) verdade lógica.
   d) Nenhuma das alternativas anteriores.

5. Os escolásticos tomistas pensavam que a alma humana era:
   a) uma realidade espiritual pura.
   b) dependente intrinsecamente da matéria.
   c) espiritual, porque não depende intrinsecamente da matéria.
   d) Nenhuma das alternativas anteriores.

Atividades de aprendizagem

Questões para reflexão

1. Apresente, em linhas gerais, as relações entre o pensamento de Agostinho e o neoplatonismo.

2. Podemos afirmar que Tomás de Aquino é um seguidor fiel de Aristóteles?

3. Analise as cinco vias da existência de Deus em Aquino e sua plausibilidade.

Atividades aplicadas: prática

1. Leia o texto a seguir e, na sequência, escreva um comentário discutindo a possibilidade de se conhecer a **matéria**:

> Ninguém pode dizer que nem toda a matéria impede a inteligibilidade, mas tão somente a matéria corpórea. Se isso acontecesse em razão da matéria corpórea, uma vez que a matéria corpórea só se considera corpórea se subsiste sob uma forma corpórea, então seria necessário que a matéria recebesse da forma corpórea a propriedade de impedir a inteligibilidade. Ora, isto não pode ser, já que a própria forma corpórea é inteligível em ato, tal como as outras formas, na medida em que é abstraída da matéria. Por consequência, nem na alma nem na inteligência existe qualquer composição de matéria e forma, no sentido de que a essência se daria nelas como nas substâncias corpóreas. Porém, na alma e na inteligência há uma composição de forma e de ser.

Fonte: Aquino, 1995, p. 105.

2. Elabore um texto procurando esclarecer se o argumento de Anselmo está correto: "se houver um **X** e um **Y**, de tal modo que **X** e **Y** têm as mesmas propriedades, exceto que **X** tem existência e **Y** não a tem, então **X** é maior do que **Y**".

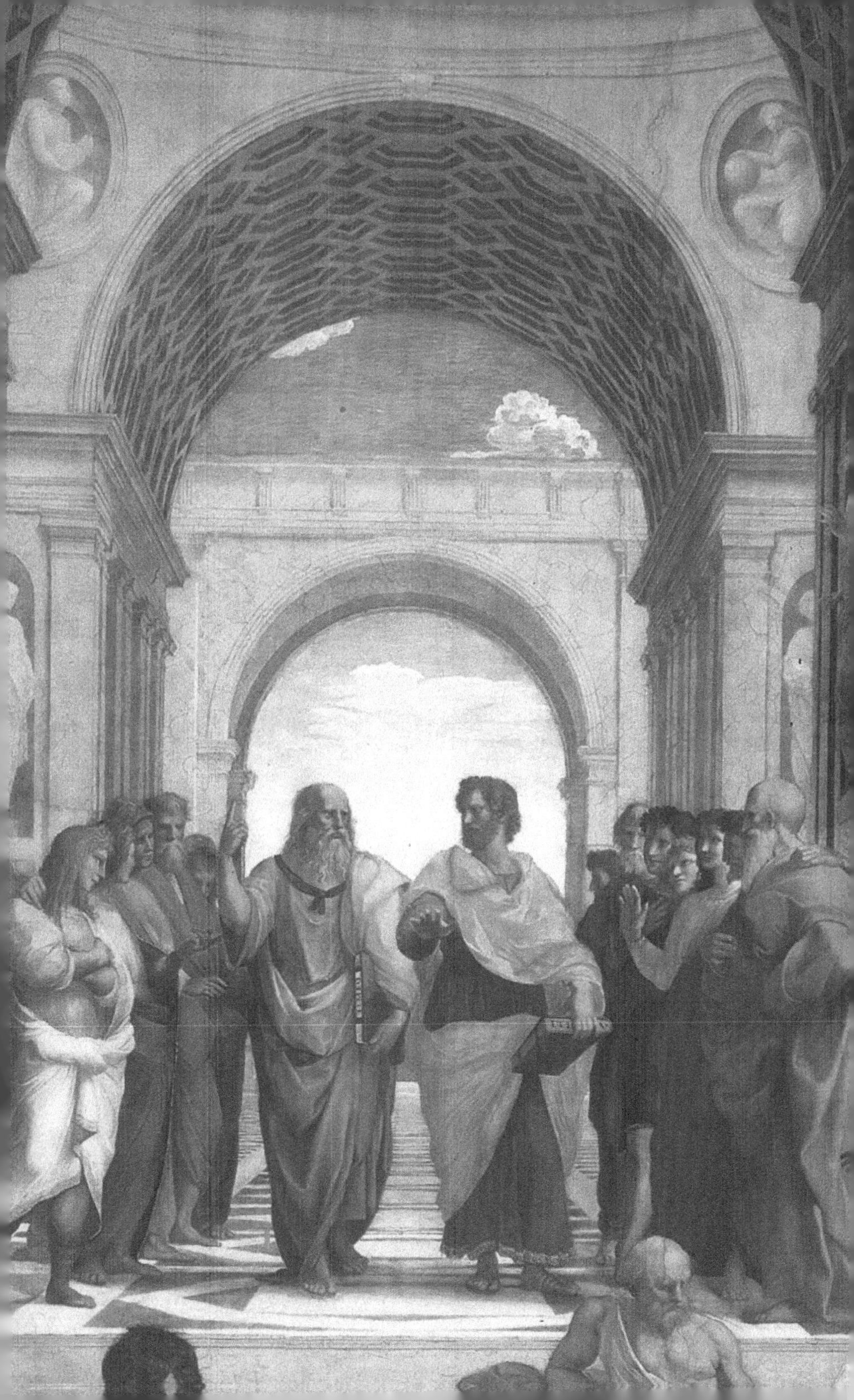

4

A metafísica moderna e contemporânea

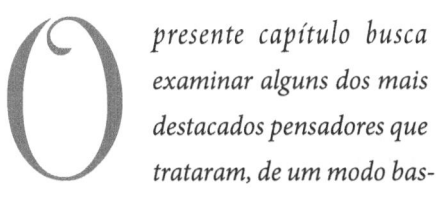

O presente capítulo busca examinar alguns dos mais destacados pensadores que trataram, de um modo bastante crítico, das pretensões metafísicas em se configurar como fundamento da realidade. A análise aqui empreendida busca, ainda, dialogar com as mais recentes teorias que discutem o aparecimento de um pensamento pós-metafísico e com o conhecimento produzido pelas recentes descobertas das neurociências. Nesse sentido, os objetivos que deverão ser alcançados neste capítulo são: investigar o processo de formação do pensamento moderno e seus principais defensores e críticos; analisar as preocupações que caracterizam a modernidade filosófica; compreender as críticas modernas e contemporâneas à metafísica grega e medieval; indagar sobre a possível superação da metafísica; e examinar as recentes descobertas das neurociências, além do impacto que elas podem gerar nas reflexões de cunho metafísico.

4.1
Descartes e a busca de fundamentação

Com *Descartes, tem* início o projeto moderno com a ideia de que é possível estender o domínio da razão a toda realidade. Isso acontece uma vez que a revolução científica, levada a cabo pelo Renascimento, concebe a realidade de modo mecanicista e, desse modo, plenamente possível de ser conhecida. Restou, no entanto, o problema da liberdade humana, e a proposta cartesiana procura resolver tal problema. Para Descartes, apoiando-se numa certa tradição de raiz platônica, é preciso distinguir no homem duas substâncias: o **corpo** (*res extensa*), submetido à necessidade natural, e o **eu pensante** (*res cogitans*), sujeito da liberdade que, em última instância, significa a capacidade de determinação da vida por meio de um rigoroso exercício da razão.

O objetivo de Descartes não é dar continuidade à reflexão metafísica desenvolvida na escolástica, mas encontrar fundamentos seguros com base nos quais possa erigir uma filosofia fundamental ou, como ele se refere, a uma "filosofia primeira". Para isso, coloca sob dúvida os fundamentos anteriores para, enfim, encontrar a segurida na certeza do *cogito*. As obras que mais se destacam nessa busca são *Meditações sobre filosofia primeira, Discurso do método e Meditações metafísicas*.

Nesse empreendimento, Descartes nos convoca a praticar uma dúvida radical, atacando decididamente os fundamentos sobre os quais se sedimentam nosso saber. Ao utilizar as razões para duvidar, a loucura e o sonho, Descartes introduz a hipótese de um Deus que poderia nos enganar em nossa busca do conhecimento. A resposta alcançada pelo filósofo é a seguinte: ainda que outro me engane (como a hipótese do gênio maligno), não caberia dúvida de que, se me engana, é porque **eu sou**.

Para Descartes, a filosofia é o estudo da verdade por suas primeiras causas, e graças ao procedimento metodológico da dúvida, a evidência, ou seja, a intuição clara e distinta será estabelecida como critério de verdade. Desse modo, a teoria cartesiana da verdade, que atende às exigências de objetividade, pretende alcançar um estado interior que garante a verdade dos juízos emitidos. Isso significa que a verdade deve ser entendida prioritariamente como **certeza**.

Assim é como o *cogito* ingressa na reflexão como primeira verdade, salvando a razão com êxito dos obstáculos colocados pela dúvida. O *cogito*, que se manifesta mediante a intuição quando o espírito se volta sobre si mesmo, é, desse modo, um ponto central na metafísica cartesiana, e a própria existência se apresenta como uma verdade necessária e evidente toda vez que se raciocina corretamente. Esse é o sentido da fórmula *cogito, ergo sum* (penso, logo existo).

Figura 4.1 – René Descartes (1596-1650)

Essa certeza alcançada por Descartes pode ser considerada a metafísica do *cogito*, pois o primeiro princípio é a evidência do pensamento. Com base nesse fundamento inquestionável, para Descartes, seria possível compreender toda a realidade sendo, portanto, uma metafísica do sujeito pensante.

> *Para refletir*
>
> *Clareza e distinção* são as condições, o critério para determinar a verdade de um conhecimento; constituem, desse modo, uma

condição necessária da evidência. Pode-se afirmar, todavia, que se trata de uma **condição suficiente** para estabelecer a verdade objetiva de um conhecimento?

Descartes inicia a Terceira Meditação (de *Meditações sobre filosofia primeira*) fiel ao seu projeto de edificar uma ciência que seja certa e verdadeira, centrando-se, a partir de então, no conteúdo das ideias. Se tomadas como pensamentos ou modos de pensar, as ideias em nada diferem, o que não acontece se forem observadas do ponto perspectivo de seu conteúdo. Todas as ideias remetem ao *eu* que as pensa*, porém apresenta à consciência conteúdos diferentes.

Para saber mais

É possível aprofundar o conhecimento sobre o conteúdo das ideias de Descartes em:

DESCARTES, R. Meditationes de prima philosophia, tertia. In: ADAM, C.; TANNERY, P. (Org.). **Oeuvres de Descartes**. Paris: Vrin, 1973. v. 11.

Posto que o objetivo é descobrir se as ideias possuem algum valor objetivo, ou seja, se aos objetos das ideias corresponde alguma realidade independente de nosso pensamento, o ponto de partida de nossa investigação não deverá ser outro senão uma reflexão em torno dos conteúdos que oferecem a nossa consciência.

---

* "Eu sou uma coisa que pensa, ou seja, que duvida, afirma, nega, conhece pouco, ignora muito, que ama e odeia, que quer, que não quer, também imagina e sente. Pois tal como adverti anteriormente, ainda que as coisas que sinto e que imagino não existam quiçá em absoluto fora de mim (ou em si mesmas), estou seguro de que estes modos de pensar que chamo sentimentos e imaginações são somente modos de pensar, residem e se encontram certamente em mim" (Adam; Tannery, 1973, VII, 34.18-35).

Descartes chama esse conteúdo de *realidade objetiva*, definindo-a do seguinte modo: "por realidade objetiva de uma ideia entendo a entidade ou o ser da coisa representada na ideia, e no mesmo sentido pode chamar-se de uma perfeição objetiva, um artifício objetivo etc. Pois tudo o que percebemos que está nos objetos das ideias está também objetivamente nas ideias mesmas" (Adam; Tannery, 1973, p. 8, 16-25).

Apesar da noção de conceito objetivo não ser novo nem original em Descartes, uma vez que fora utilizado, por exemplo, por Ockham e Suárez, o papel que terá no contexto que agora se apresenta não é o mesmo.

Descartes crê que pode edificar um novo ponto de apoio requerido para ultrapassar os limites da imanência impostos pelas razões do duvidar da Primeira Meditação (de *Meditações sobre filosofia primeira*). Essa nova função se faz mais palpável se prestarmos atenção ao fato de que a tese da realidade objetiva das ideias introduz uma continuação da crítica do juízo.

Sabe-se, então, que não há de emitir-se nem admitir-se nenhum juízo em torno da realidade previamente à sua justificação, e que esta só poderá intentar-se legitimamente do único âmbito da realidade, o eu pensante, que resistira à dúvida. Assim, qualquer conclusão a respeito da realidade deverá basear-se nos resultados obtidos por meio da investigação acerca dos objetos que se oferecem à consciência, tomados estritamente em sua qualidade de objetos da consciência.

O fundamento do conhecimento da verdade e da realidade será, a partir de agora, a certeza e a realidade ideal e objetiva. Se, durante mais de 2 mil anos, considerou-se que era a realidade da coisa, geralmente entendida como causa, a que explicava a existência de sua ideia em nós, de agora em diante será precisamente essa crença que se questionará e a que haverá de se justificar de alguma forma. Nasce, assim, uma nova disciplina filosófica: a teoria do conhecimento entendida como crítica.

Acreditamos, porém, que não é suficiente traçar a estratégia requerida para determinar o valor objetivo das ideias nem é suficiente denominar de uma ou de outra maneira o conteúdo das ideias, inclusive lhe assinalar um gênero de realidade. É preciso, se pretendemos ir mais além das certezas e da subjetividade, indagar se as diferenças que se constatam nos diversos conteúdos das ideias são efetivamente indícios adequados e suficientes para decidir acerca da realidade ou verdade de seus respectivos correlatos.

Descartes, citado por Adam e Tannery (1973, p. 40, 12-20), não parece duvidar de que esses indícios se encontram presentes em nossas representações, que se pode lhes descobrir e que são suficientes para decidir o valor objetivo das ideias:

pois, não há dúvida de que as que mostram substâncias são algo mais e contêm, por assim dizer, mais realidade objetiva, isto é, participam por representação de mais graus de ser ou de perfeição do que as que só representam modos ou acidentes. Por sua vez, aquela pela qual entendo um certo Deus supremo, eterno, infinito, imutável, onisciente, onipotente, criador de todas as coisas que estão fora dele, seguramente tem em si mais realidade objetiva do que as ideias pelas quais se mostram as substâncias finitas.

Em síntese, um exame de nossas representações nos permite descobrir que exibem diferentes realidades e, mais decisivo ainda, que essas diferenças nas realidades objetivas das ideias guardam invólucros, graus de ser ou realidade.

Para Adam e Tannery (1973, p. 40, 21-26; p. 41, 20-29),

Para precisar melhor o problema recorreremos aos motivos pelos quais necessita Descartes estabelecer os graus de realidade das ideias. Como acontece com qualquer outra realidade, a objetiva também requer uma causa, e posto que o efeito – neste caso a ideia – não pode conter nem formal nem eminentemente mais do que está contido em sua causa, então se encontrará entre nossas ideias uma ou várias cujas perfeições fossem maiores que as que possuem outras; poderia descartar-se, pelo menos, uma série causal indefinida entre as ideias mesmas. Ademais, fica aberta a possibilidade de encontrar outra ou outras cujo grau de realidade seja tal que sua causa só pode encontrar-se fora da imanência.

É certo que não há inconveniente em admitir que diferentes ideias se apresentem a nós com diferentes conteúdos – do contrário, não seriam diferentes, mas a mesma ideia. A realidade objetiva de uma ideia consiste, então, no conteúdo da representação e, por isso mesmo, é aquilo que permite que uma ideia seja distinta da outra*. Pode-se também admitir que essas diferenças involucram diferentes realidades objetivas, posto que com Descartes só assinalamos um nome à constatação inicial. Porém, já não resulta tão óbvio que umas ideias tenham **mais** ou **menos** realidade objetiva que outras pelo mero fato de que possuem **diferente** realidade objetiva.

A diferença em questão não implica e não autoriza – ao menos até que não se definam as condições que lhe permitam – indicar ao objeto de uma ideia um grau de realidade, e muito menos um grau ou quantidade específica de realidade. É evidente que, até que essas condições não se estabeleçam, não será possível fazer uso do princípio de causalidade na forma como pretende Descartes.

---

* "caso essas ideias sejam tomadas somente na medida em que são certas formas de pensar, não reconheço entre elas nenhuma diferença ou desigualdade...mas, considerando-as como imagens, dentre as quais algumas representam uma coisa e as outras uma outra, é evidente que elas são bastante diferentes entre si. Pois, com efeito, aquelas que me representam substâncias são, sem dúvida, algo mais e contêm em si, por assim dizer, mais realidade objetiva" (Adam; Tannery, 1973, p. 40, 10-19). Isso equivale a afirmar que o seu conteúdo é determinado mais forte e de modo mais distinto com relação à substância pensante por causa da determinação mais clara e mais distinta dos atributos daquilo que é determinado.

Cabe destacarmos aqui o que Descartes compreende e privilegia na Terceira Meditação: o ato de representar. Ele acredita que este, entre outros atos do pensamento, é fundamental para compreendermos a realidade objetiva, dado que o ato do pensamento de representar reenvia a algo possível fora do intelecto, sendo distinto dele. A realidade objetiva da ideia está, então, ligada ao ato de representar, que tem a função de voltar-se para algo fora dela mesma.

Toda representação é representação de algo, de tal forma que toda representação tem uma relação essencial com um objeto particular possível, com algo possível determinado como distinto da substância pensante. E no caso da ideia de Deus, por ser um caso limite, a realidade objetiva tem o máximo de atributos distintos, já que determina algo com atributos infinitos, sendo, por isso mesmo, totalmente distinta da substância pensante.

Ao se distinguir a realidade objetiva da ideia de Deus, vemos ser algo que existe **necessariamente** fora da substância pensante. Assim, a realidade objetiva de qualquer ideia é condicionada, a princípio, pela substância pensante, com exceção da ideia limite de Deus, que é um objeto externo **necessário**. Nesse sentido, tanto na Terceira das *Meditações* como na Quarta parte do *Discurso do Método*, Descartes oferece uma série de provas da existência de Deus e da veracidade divina.

O filósofo, físico e matemático chama então de *realidade objetiva* aquilo que é o aspecto essencial do ato de representar, ou seja, a determinação de algo como distinto e, por isso, fora da mente. No entanto, essa realidade não é "em si", mas sim uma realidade enquanto visada. Dessa maneira, a realidade objetiva de uma ideia consiste na determinação de um objeto externo possível (no caso da ideia de Deus, não é um objeto externo possível, mas necessário) por meio da sua distinção com relação à substância pensante.

Para refletir

Uma vez que Descartes reflexiona que, por intermédio do *cogito*, chega-se a Deus, que é "supremo, eterno, infinito, imutável, onisciente e criador de todas as coisas", qual seria, portanto, o **critério de verdade** para Descartes: **Deus** ou o *cogito*?

4.2
Kant e a metafísica

A modernidade caracteriza-se pelas contribuições iniciais de Bacon, Descartes* (para quem a filosofia é uma reflexão criteriosa), Hobbes, Locke e Hume e consolida-se na figura de Immanuel Kant. É ele que, em seu texto *O que é o Esclarecimento?*, expressa o lema próprio do iluminismo e dita os próximos passos do pensamento moderno: *Sapere Aude!* (ousa saber!).

Para saber mais

O pensamento Sapere Aude! pode ser melhor explorado com a leitura do terceiro capítulo da obra:
HAZARD, P. **La pensée européenne au XVIIII siècle**. Paris: Hachette Littératures, 1963.

Segundo Kant, a mentalidade própria da modernidade pode ser expressa pela busca de desatrelar-se de toda espécie de soberania que não seja a da razão e de toda espécie de tutela que não se encerre nos

---

* A obra *Regras para a orientação do espírito*, de Descartes, marca o início do pensamento moderno.

limites da razão, a qual se opõe à *Ratio**. Por esse motivo, essa mentalidade proporciona, por intermédio de seu exercício, a verdadeira **autonomia** do pensamento.

> *Para saber mais*
>
> *Recomendamos o conhecimento* sobre o termo *autonomia*. Para isso, indicamos:
>
> SCHNEEWEND, J. B. **The Invention of Autonomy**: a History of Modern Moral Philosophy. England: Cambridge University Press, 1998.
>
> Nessa obra, o autor traça, com esmero, os processos que permitiram a Kant formular sua concepção de autonomia. O leitor que pretende compreender como o ideal de autogoverno foi moldado no decorrer da tradição filosófica encontrará, nesse texto, um excelente material histórico e temático.

Nesse sentido, ser moderno é exercitar a capacidade de pensar por si mesmo. Ser moderno é combater a crendice, a religião, as imposturas intelectuais. Ser moderno é apostar na força propulsora da razão, agora desatrelada dos nós que a prendiam e a impediam de avançar.

É justamente Kant que marca a modernidade no registro da crítica que permanece até o século XXI. Essa é a interpretação de Foucault. Aqueles que o sucedem veem, no entanto, as imperfeições dessa razão, que se coloca, desde o início, marcada por limitações e que precisam ser corrigidas de suas sequelas. Estamos nos referindo aqui a Fichte,

---

** Agostinho de Hipona e sua concepção de que a atividade política por excelência deve nutrir-se pela dimensão escatológica da cidade divina, da cidade de Deus. Essa concepção evidencia, na Idade Média, a visão integradora e monista de que há uma única rota possível para que os seres humanos atinjam um ideal de excelência, um ideal de virtude.

Schelling e, por fim, a Hegel – e é justamente este último que procurará recuperar a razão e curar suas feridas, na tentativa sempre angustiante de recompor a "totalidade ética".

Essa recuperação colocou a razão, aos olhos de Marx, de ponta cabeça, e sua tarefa consistiu em fazer a filosofia de Hegel, que caminhava "de cabeça para baixo", caminhar novamente sob seus próprios pés. É o momento e a vez da filosofia da *práxis* revolucionária que considera a superação da luta de classes como o fim e a realização da filosofia.

Figura 4.2 – Immanuel Kant (1724-1804)

Nesse percurso, a razão é vista como razão "encarnada", e a tarefa da filosofia é cooperar na realização do ideal político de renovação total do quadro histórico, econômico e social da realidade. A modernidade, assim, na medida em que é fruto da crítica, permite, ao mesmo tempo, inscrever-se no registro da autocrítica – ainda que uma crítica consoladora, que procura corrigir as imperfeições da razão – e mantê-la imune no terreno próprio da razão. No rastro da modernidade, tenta-se enxugar as lágrimas e curar as feridas da própria modernidade. Esta converte-se, assim, do furor alegre, entusiasmado com as possibilidades do saber humano dos protomodernos, a um comportamento agelasta, que permanece até os dias atuais.

Já Paz (1971) observa o que a modernidade tem como essência o tempo retilíneo. É nesse sentido que diz "a ideia de modernidade é filha do tempo retilíneo: o presente não repete o passado e cada instante é único, diferente, autossuficiente" (Paz, 1971). A crítica, como fundadora do presente, é marca distintiva daquilo que ousa se caracterizar como moderno.

Nesse sentido, ser moderno é, também, ser crítico. Crítico da tradição, crítico da atualidade, crítico de si mesmo. Ora, a modernidade é crítica e autocrítica. No entanto, segundo Paz (1971), ela, que opera na vanguarda da crítica como crítica, cessou de ser crítica. A vanguarda já é uma relíquia do tempo linear e faz uma profecia que bem poderia ser a nossa. "As obras do tempo que nasce não estarão regidas pela ideia de sucessão linear e sim pela ideia de combinação: conjugação, dispersão e reunião de linguagens, espaços e tempos" (Paz, 1971).

Mas e Kant? Qual seu posicionamento sobre o conhecimento e sobre a metafísica?

Kant, ao contrário de Descartes, não busca a solução do problema da liberdade humana na ordem da realidade, mas na ordem da subjetividade pensante, distinguindo entre razão teórica (que, em sua atividade cognoscitiva, impõe a necessidade científica) e a razão prática (que, em seu exercício, pressupõe liberdade). A estratégia utilizada por Kant é a seguinte: somente haverá lugar para a segunda se impusermos limites sobre a primeira.

A revolução copernicana do conhecimento, que distingue **fenômeno** e **coisa em si**, limita o conhecimento ao mundo fenomênico, ou seja, aos objetos submetidos à lei da causalidade. Nesse sentido, os objetos não são cognoscíveis, mas, mesmo assim, podem ser pensados. Esse posicionamento permite a Kant pensar a liberdade humana em si mesma como livre, e não submetida à lei da causalidade. É desse modo que a liberdade é entendida como autodeterminação racional, diante da inclinação natural; não havendo, pois, conhecimento da liberdade, podemos pensá-la, pressupondo-a como um postulado da razão prática. Deus, mundo e alma seriam, também, postulados da razão prática.

Essa reflexão kantiana, na medida em que abre caminho para a liberdade humana, desfere um profundo golpe nas pretensões de se conhecer a essência íntima das coisas ou, o que é o mesmo, na metafísica. Segundo Kant, para que a metafísica possa abandonar o terreno da pura ilusão, deve começar por uma crítica da razão.

O objetivo e a preocupação básica da reflexão kantiana se dirigem à crítica e à fundamentação da metafísica, e é com esse objetivo em mente que conduz a razão diante de seu próprio tribunal. Em seu período pré-crítico, deve ser destacada a influência de sua formação racionalista, em que Leibniz e Wolff tiveram um papel especial; todavia, Kant admite que foi Hume quem o despertou de seu sono dogmático.

Foi esse despertar que conduziu o pensador à necessidade de um posicionamento inovador e superador. Kant buscava a instauração de um método em filosofia que tivesse o mesmo respeito e reconhecimento daquelas disciplinas cujo estatuto científico se considerava definitivamente estabelecido. Esse método consistia na realização de uma crítica da razão e se orientava na busca daqueles elementos que, sem partir da experiência (*a priori*), tornam possível a experiência.

Trata-se, portanto, de encontrar um caminho seguro, e Kant começa por referir-se ao estado em que se encontra a metafísica: uma disciplina em que não se constata progressos e em que não existe acordo sobre as questões discutidas. Isso é um aspecto importante naquelas disciplinas que possuem o caráter de ciência. A metafísica se mostra, assim, como um caminho equivocado e diante dela estaria a lógica, a matemática e a física, com estatuto científico consolidado e digno de ser um espelho para a metafísica.

A reflexão kantiana procura investigar a fragilidade de nossas pretensões ao saber, ao conhecimento, e para isso analisa a fonte de nossas representações. A questão que se coloca, em seguida, é a seguinte: ou os conceitos procedem todos da experiência ou existem conceitos puros *a priori,* cuja fonte se tem de buscar além dela. Essa era a questão que empiristas e racionalistas tinham tentado responder. Para os primeiros, a metafísica não seria possível, pois todos os conteúdos de nosso conhecimento procedem da experiência. Para os segundos, a metafísica é possibilitada pela existência de alguns conteúdos inatos da razão.

Kant admite, diante do empirismo, a existência de conteúdos da razão cuja procedência é em absoluto independente da experiência e que, ademais, possuem características de universalidade e necessidade: ante o racionalismo, adverte que o conhecimento *a priori* só é válido uma vez que se trate de um conhecimento orientado para a experiência possível.

É preciso ter em mente que a investigação orientada à fundamentação filosófica de caráter científico e à instauração da possibilidade ou impossibilidade da metafísica como ciência recebe o nome de *transcendental*. Para Kant, é o mesmo que *teoria da possibilidade do conhecimento*: "chamo transcendental todo conhecimento que se ocupa não tanto dos objetos quanto de nosso modo de conhecê-los, enquanto que tal modo tem de ser possível a priori" (Kant, 2015).

> *Uma revisão do conceito de "transcendental"*
>
> *A filosofia medieval,* com base na tradição aristotélica, considerava transcendental as determinações do ente que ultrapassam a divisão deste em gêneros e espécies e que estão, por isso, além das categorias. Na reflexão kantiana, sendo as categorias elementos possibilitadores do conhecimento e pré-empiricamente válidas, o âmbito categorial constitui uma referência essencial na hora de estabelecer as funções unificadoras da subjetividade, que recebe o nome de *transcendental*.

A metafísica moderna, podemos resumir, está marcada decisivamente pela reflexão sobre a substância, a pluralidade de substâncias, o Ente supremo, entre outros temas. Entretanto, cada vez mais subordina tudo isso à estrutura da distinção entre sujeito e objeto. Percebemos que a tendência reflexiva da modernidade alcança em Kant uma profundidade inédita até então e se centra na pergunta acerca da possibilidade da metafísica. É preciso termos em mente que Kant reprova a metafísica tradicional, incluída a metafísica moderna, porque está impregnada por um sono dogmático.

Para refletir

Com base na reflexão kantiana, podemos afirmar que a metafísica expressa, de fato, conhecimento?

4.3
Schopenhauer e a metafísica da vontade

A *metafísica de* Arthur Schopenhauer se apresenta como uma alternativa a toda forma de metafísica anterior. Pretende, assim, oferecer uma resposta nova ao problema do **ser** e do **mundo**. Quais seriam as respostas e essas inovações? Vejamos.

Figura 4.3 – Arthur Schopenhauer (1788-1860)

Segundo Schopenhauer, o ser do mundo, enquanto conhecido do ponto de vista físico, é matéria, sendo o mundo em sua totalidade um mundo de corpos materiais. Todavia, o que se conhece é fruto da representação de um sujeito e de acordo com sua própria condição. É o chamado *princípio da razão*, pelo qual, de um lado, esses corpos materiais se encontram submetidos a mais estrita necessidade e, de outro, o mundo material é aparência, o aparecer à representação de uma coisa em si, a qual se deixa compreender metafisicamente como **vontade**. Trata-se do verdadeiro ser do mundo que se pensa como livre.

Assim, matéria e vontade constituem (objetiva e subjetivamente) a **substância** do mundo. A coisa em si se converte, desse modo, em vontade, figura conceitual que nos ajuda a compreender o ser do mundo e o fenômeno como representação de um sujeito. Daí a consideração do mundo como vontade e como representação, título de sua volumosa obra *O mundo como vontade e representação*.

Não haveria, assim, mais realidade que esse mundo – um mundo representacional do sujeito e em si mesmo vontade, impulso cego sem finalidade alguma. O que essa vontade almeja, segundo diversos graus de representação, é viver, pois, para Schopenhauer (2001), a "vontade de viver é a única expressão verdadeira do ser último do mundo". Há, segundo se pode extrair dessas considerações, uma completa identidade entre o homem e os demais seres do reino animal. A razão, função do cérebro, como qualquer outro membro, é um instrumento natural a serviço das funções vitais do organismo todo. Assim, não se entende o homem como racional, mas como vontade, como pulsão.

Esses pressupostos auxiliam decisivamente na compreensão que Schopenhauer tem da filosofia. Seu posicionamento é que o problema fundamental sobre qual filosofia deve se debruçar é buscar compreender a onipresença da dor e do mal no mundo, o que o leva a uma interpretação metafísica contraposta à tradição. Esses elementos estão presentes tanto em sua metafísica quanto em sua concepção moral do mundo.

A polêmica de Schopenhauer com o teísmo filosófico é uma das formas pelas quais se apresenta sua querela com toda metafísica da razão. O teísmo tem pressuposto a existência de Deus como via para justificar a existência do mundo, de sua essência e, por fim, de seu sentido. Do ponto de vista filosófico, pouco importa se esse Deus seja pensado segundo a tradição cristã ou como razão ou esse princípio inteligente de ordem do mundo, já que essa razão ou esse princípio ordenador tem que ser pensado, como pensava Platão, como distinto do mundo e anterior a ele. Uma vez que, para Schopenhauer, a presença do mal no mundo é incompatível com a existência de Deus, ao situarmos a vontade além do princípio da razão, torna-se impossível perguntarmos pelo ser ou pelo sentido da realidade.

4.4
Nietzsche e a crítica aos fundamentos da metafísica

O pensamento de Friedrich Nietzsche considera que a história da metafísica ocidental esteve, desde seu início, guiada por determinadas concepções morais. O outro mundo dos metafísicos, aquele mais além, verdadeiro e substancial, não era mais que uma fuga para cima, uma fuga para o alto, uma fuga para o além-mundo. Essa interpretação de Nietzsche do **ser como valor** (aquilo que se faz passar por alto e transcendente não é mais do que o produto de fatores "humanos, demasiadamente humanos")

Figura 4.4 – Friedrich Wilhelm Nietzsche (1844-1900)

buscava a destruição de toda metafísica. O trabalho de destruição é, no entanto, um efeito próprio do desenvolvimento da filosofia socrático-platônico-cristã.

> É verdade que pode haver um mundo metafísico; a absoluta possibilidade disso é difícil de contestar. Nós observamos todas as coisas através da cabeça humana e não podemos cortar essa cabeça; ao passo que sempre resta a questão de saber o que ainda ficaria no mundo, se contudo a tivéssemos cortado. Este é um problema puramente científico e não muito adequado a inspirar cuidados aos seres humanos; mas tudo aquilo, que até agora, lhes torna valiosas, tremendas ou deleitosas as suposições metafísicas, aquilo que as gerou, é a paixão, erro e engano de si próprio.

Fonte: Nietzsche, 1997, p. 27-28.

Por meio das concepções mais sagradas dessa filosofia, procede, segundo Nietzsche, o mais sinistro dos hóspedes: o **niilismo**.

Nietzsche aponta os caminhos com base nos quais o niilismo se origina:
- na interpretação cristã da moral;
- na decadência do cristianismo que, por dever de veracidade, reconhece que tudo é falso, em lugar do que antes defendia: "Deus é verdade";
- no ceticismo moral que sustenta: tudo carece de sentido;
- nos sistemas socialistas e positivistas, que sustentam, todavia valores cristãos;
- nas ciências naturais, que conduziram o homem do centro para a periferia;
- nas ideias políticas e econômicas;
- no historicismo;
- na arte.

Em um primeiro momento, Nietzsche associa o niilismo ao colapso dos valores cristãos; é o que o insensato do parágrafo 125 de *A gaia ciência* (1998) resume na sentença "Deus está morto". A morte de Deus é mais que uma crítica aos valores cristãos: é a crítica devastadora de todos os valores e ideais sagrados nos quais até então se amparava a metafísica ocidental. Ideias supremas como verdade, essência, substância, mundo, alma, bem, mal, justiça e Deus, para citar alguns, são demolidas pela reflexão nietzschiana. Essas concepções não resistem, segundo Nietzsche, ao procedimento genealógico*.

A crença em Deus é um dos resultados do niilismo, sendo a crença nas categorias da razão sua causa mais originária, mais fundamental, segundo Nietzsche. É assim que ele afirma que o mundo verdadeiro se tornou uma fábula, e que dividir o mundo em dois (real e aparente, bem e mal) é um sintoma de *décadence*, um sintoma de vida descendente – ou seja, toda a história da filosofia e, portanto, da metafísica, é a história do niilismo.

Para refletir

Analise o pensamento de Nietzsche por meio das seguintes questões: Se toda metafísica é niilismo, todo niilismo é metafísica? Pense, ainda: Quais as relações entre metafísica e decadência?

---

* "Se o genealogista tem o cuidado de escutar a história em vez de acreditar na metafísica, o que é que ele aprende? Que atrás das coisas há algo inteiramente diferente: não seu segredo essencial e sem data, mas o segredo que elas são sem essência, ou que sua essência foi construída peça por peça a partir de figuras que lhe eram estranhas" (Foucault, 1967, p. 17).

4.4.1 Nietzsche e a autodissolução das categorias metafísicas

Um tema na história do pensamento contemporâneo chama a atenção: a demolição operada por Nietzsche no modo de pensar cartesiano, a partir da qual a subjetividade perde o seu caráter de unidade totalitária para tornar-se uma realidade dividida, dominada por um conflito interno. Aproveitamos para deixar claro que, quando estamos nos referindo à demolição, não aludimos somente a Nietzsche, mas a todos os desdobramentos que se derivam desse modo de pensar.

> *Para saber mais*
>
> Uma preciosa análise do *cogito* exaltado por Descartes e da humilhação do *cogito* por Nietzsche é realizada no prefácio encontrado em: RICOEUR, P. **O si-mesmo como um outro**. Campinas: Papirus, 1991.

Comecemos, então, por Descartes, segundo o qual a representação assume o *status* da verdade e a preocupação básica é a de estabelecer a via pela qual possamos captá-la. O que importa no pensamento cartesiano é a apreensão dessa verdade: é aí que reside a universalidade.

> *Para saber mais*
>
> Sobre a importância do **método** como um fator determinante no pensamento cartesiano, é importante a exposição realizada por: VAZ, H. C. L. **Antropologia filosófica I**. São Paulo: Loyola, 1991. 1º tomo, 1ª parte, cap. III, p. 81-84.

Certo, não exageremos a revolução efetuada por Descartes; ele não é tão original como se pensa, tendo em vista as antecipações de santo Agostinho e toda uma herança do pensamento grego e medieval. E é justamente por isso que devemos remontar até Platão, em cujo discurso a episteme aparece como o verdadeiro conhecimento, o conhecimento da verdade, vale dizer, como a ciência.

> *Para saber mais*
>
> A *revolução feita* por Descartes não é completamente original, visto que santo Agostinho já havia feito algumas antecipações. Sobre esse assunto, indicamos a leitura de:
>
> MARÍAS, J. **História de la filosofia**. Madrid: Biblioteca de la Revista de Occidente, 1980. p. 113-114.

Ora, racionalistas ou empiristas, Descartes, Hume, Hegel, Freud, todos são, no fundo, "platônicos". Todos pugnam, em última instância, por encontrar o mundo dos modelos, o mundo dos paradigmas, o reino da verdade.

O céu platônico é substituído pela subjetividade, enquanto a horizontalidade dos acontecimentos cede lugar à verticalidade do conhecimento. Salientemos também que essa subjetividade é identificada com a consciência sob o domínio da razão.

> *Também nós, os* conhecedores de hoje, nós os sem Deus e os antimetafísicos, também nosso fogo, nós o tiramos ainda da fogueira que uma crença milenar acendeu, aquela crença cristã, que era também a crença de Platão, de que Deus é a verdade, de que a verdade é divina...Mas, e se precisamente isso se tornar cada vez mais desacreditado, se nada mais se demonstrar como divino, que não seja o erro, a cegueira, a mentira – se Deus mesmo se demonstrar como a mais longa mentira?

Fonte: Nietzsche, 1998, Aforismo 344.

Obviamente, houve pensadores e escolas refratárias ao predomínio do logos platônico instaurador da verdade. Poderíamos mencionar os estoicos, os sofistas, os cínicos e outros que a história do pensamento ocidental se encarregou de marginalizar. Pascal é um exemplo. O principal ponto de sua querela com os jesuítas está em que estes se davam a cidadania do reino do achado, da verdade demonstrada na harmonia hierarquizada da escolástica. Ora, Pascal era um homem da busca.

Encontramos, pois, a questão da subjetividade já colocada por Platão, não de maneira direta, evidentemente, dado que surgiu somente no século XVII. Mas é no interior do platonismo que ela tem o seu lugar e, em Descartes, a sua primeira formulação: a certeza do *cogito* substitui a incerteza quanto à realidade do mundo objetivo. Em Hegel, a razão encontra a sua realização plena, a qual se dá no Estado, onde os governantes são cientistas-filósofos. O Estado é a razão realizada. Na filosofia moderna, a consciência é o absoluto: podemos duvidar de tudo, desde que a certeza do *cogito* continue inabalável. Da consciência individual à consciência transcendental, a problemática continua a mesma.

Na fenomenologia, idealizada por Husserl, vemos o propósito de se extrair uma verdade que de alguma forma está presente na consciência. Husserl não pretende percorrer o caminho que vai do significante ao significado, tentando salvar o conceito. Ele pretende, antes, apreender o sentido da pura aparência. A fenomenologia seria, então, uma ciência do acontecimento, da horizontalidade dos acontecimentos puros, e não o mundo das ideias. Todavia, não podemos deixar de reconhecer que ela conserva o objetivo de extrair uma verdade implícita na consciência, e é isso que faz lembrar uma versão moderna da teoria platônica da reminiscência, como a fé na consciência, na verdade e na essência.

Para saber mais

O *sentido da* pura aparência pode ser explorado no primeiro capítulo, "La fenomenología descriptiva", de:
SZILASI, W. **Introducción a la fenomenología de Husserl**. Buenos Aires: Amorrortu, 2003.

Para uma melhor compreensão da fenomenologia, indicamos a análise da exposição feita por Urbano Zilles, como introdução de: HUSSERL, E. **A crise da humanidade europeia e a filosofia**. Introdução e tradução de Urbano Zilles. Porto Alegre: EdiPUCRS, 2002.

No segundo parágrafo de *Meditações cartesianas*, Husserl (2010) escreve:

desenvolveremos as nossas meditações de um modo cartesiano, como filósofos que principiam pelos fundamentos mais radicais; procederemos, naturalmente, com uma prudência muito mais crítica e prontos para introduzir qualquer modificação no antigo cartesianismo. Teremos também de esclarecer e evitar certos erros aliciantes em que caíram Descartes e seus continuadores.

Como se vê, o ponto de partida é Descartes, não para colocar a questão do sujeito, mas para radicalizar a certeza do sujeito da verdade, ascendendo à consciência transcendental, à consciência pura. É *mister* fazer da consciência o próprio absoluto.

Ora, com seu pensamento, Nietzsche vem abalar o lugar sagrado em que pontificavam a razão e a consciência. É inegável a inversão do pensamento cartesiano com base no qual a consciência passa a ser quase que um mero efeito da "grande razão".

Enquanto a filosofia moderna, com suas concepções demasiado abrangentes, ignorava o *eu* como *indivíduo*, como ser singular e concreto, Nietzsche vem colocar a questão não mais do **sujeito** da verdade, mas da **verdade** do sujeito. Poderíamos dizer que ele inverte a máxima de Descartes: "penso onde não sou, e sou onde não me penso". O sujeito do enunciado não é aquele que nos revela o sujeito da enunciação, mas aquele que produz o desconhecimento deste último.

Nietzsche (1989, p. 51) faz Zaratustra proclamar:

instrumento de teu corpo é, também, a tua pequena razão, meu irmão, à qual chamas "espírito", pequeno instrumento e brinquedo da tua grande razão.

"Eu" – dizes; e ufanas-te desta palavra. Mas ainda maior – no que não queres acreditar – é o teu corpo e a sua grande razão: esta não diz eu, mas faz o eu[*].

É surpreendente o paralelismo entre Nietzsche e Freud, mas tal demonstração demandaria um estudo que não cabe nos limites deste trabalho. O nosso objetivo é, antes, salientar a crise da filosofia do sujeito advinda com o aparecimento da filosofia nietzschiana. E sejamos críticos também com relação a Freud, não nos esquecendo de sua herança marcadamente positivista da segunda metade do século XIX.

---

* O corpo aparece como metáfora do si (*selbst*), utilizado como comunidade de organização, de unidade. O "eu" entre aspas é o *eu* da tradição, que representa o dizer, a linguagem, e também uma metafísica da subjetividade. A este "eu" Nietzsche opõe o *eu*, sem aspas, que simboliza não o dizer, mas o fazer, entendido como *tarefa*.

Para saber mais

Para uma *apreciação* do paralelismo entre Nietzsche e Freud, recomendamos a leitura (mais particularmente da introdução e da primeira parte) da obra:
ASSOUN, P. L. **Freud & Nietzsche**: semelhanças e dessemelhanças. São Paulo: Brasiliense, 1989.

Assim como a tecnicidade pervadiu o mundo do pós-guerra, também a cientificidade é o traço fundamental do século passado, sobretudo no último quartel. Lendo a obra de Platão, percebemos o seu conflito para libertar-se do pensamento mítico e instaurar o reino da episteme.

Também Freud, num outro plano, ao deparar-se com o mundo do "irracional", tenta igualmente conferir-lhe estatuto científico, decifrar-lhe a lógica interna. Ricoeur lembra que o homem filósofo de Freud talvez seja determinado pela luta obscura entre um sentido positivista da realidade e um sentido romântico da vida. Quando o segundo vence, ouvimos uma voz que pode ser a de Nietzsche.

É por isso que, apesar da irredutibilidade do inconsciente, este não se apresenta como uma instância do irracional, como o "lugar das trevas", oposto à racionalidade da consciência. Quando Freud fala de *inconsciente* e *consciente*, ele está lidando com duas ordens distintas e tentando explicitar a lógica do inconsciente e o desejo que a anima.

Mas o que é inegável é a mudança significativa operada por Nietzsche quanto ao descentramento do sujeito, que desde Descartes ocupava um lugar privilegiado: o lugar do **conhecimento** e da **verdade**. O desejo aí entrava como perturbador da ordem, como empecilho ao aparecimento do modelo, como deformador do material adquirido pelo conhecimento. Com Nietzsche, o desejo e o signo passam a ser objeto de investigação não só como desejo humano (libido, pulsão, eros), mas assume igualmente uma relação mais ou menos conflitual com o mundo da cultura, com autoridades, com os imperativos e as interdições, com as obras de arte, com objetivos sociais e ídolos.

O desejo e a cultura são o ponto de articulação em que se encontra a ciência e a prática de Nietzsche, pois é em um plano de expressão e com base nele e em certos efeitos de sentido que o autor nos fala da *vontade*. É na rede de signos que se manifesta a experiência analítica; é na ordem dos signos que ela legitima a sua comunicabilidade e o seu caráter homogêneo de refletir, em última instância, a totalidade da experiência humana.

Se o *cogito* ilusório ocupava inicialmente o lugar do ato fundador do "penso, logo existo"; se Descartes se utilizava de argumentos céticos contra os dogmatismos da "coisa", agora é contra o próprio *cogito* (ou no interior do próprio *cogito*) que Nietzsche vem cindir a apoditicidade do eu, das ilusões da consciência e das pretensões do ego. A consciência muda de signo filosófico: não há mais dados imediatos da consciência. Onde havia *Bewusstsein* – ser consciente –, passa a haver *Bewusstwerden* – tornar-se consciente.

É assim que a leitura de Nietzsche torna-se uma aventura da reflexão, e o que resulta dessa reflexão é um *cogito* demolido, um *cogito* que se põe, mas não se possui, um *cogito* que só compreende sua verdade originária *na* e *pela* confissão da inadequação, da ilusão, da mentira da consciência atual.

Voltemos a Platão. Em *Teeteto*, encontramos a afirmação de que a ciência (episteme) consiste na posse da verdade, a qual é a revelação do ser, e que é pelo discurso, pelo logos, que a ciência nos revela esse ser. E se a ciência é a revelação do ser pelo discurso, é porque há uma correspondência necessária entre o ser e o pensamento (ou discurso).

O objetivo último de Platão é, pois, o discurso universal, no qual teremos a revelação plena do ser. Mas a dialética não consegue apossar-se dessa verdade em virtude da insuficiência da linguagem, que reside no reino do múltiplo. O discurso é, portanto, incapaz de nos levar à verdade. Ele satisfaz somente quando parece acabado.

Ora, numa reflexão fundamentada em Nietzsche, colocam-se dois questionamentos inseparáveis: Como o seu pensamento, misto sobre o desejo e o sentido, inscreve-se numa filosofia reflexiva? E o que ocorre ao sujeito da reflexão ao se considerar os truques da consciência, quando esta é descoberta como falsa e que diz algo diferente do que diz e acredita dizer?

Considerando-se que o lugar filosófico do discurso analítico é definido pelo conceito de arqueologia do sujeito, Ricoeur (1991) afirma que se deve perder a consciência pura para se encontrar o sujeito. A apoditicidade do *cogito* não pode ser atestada sem que seja, ao mesmo tempo, reconhecida a inadequação da consciência.

Retomando a "inversão"* nietzschiana da máxima de Descartes "*Cogito, ergo sum*", poderíamos dizer que o "eu penso" e o "eu falo" não são o lugar da verdade do sujeito, mas o lugar do seu desconhecimento. Pondo em dúvida o *cogito*, Nietzsche lança a hipótese do sujeito como multiplicidade, e questiona, desse modo, a inerência do *cogito* ao eu.

Esses temas, na medida em que representam o transcurso do pensamento metafísico, representam, para Nietzsche, a história de um erro e de uma ilusão. Noções sacralizadas pela tradição nas suas mais variadas formas (filosófica, científica, religiosa, política, moral) são submetidas, por Nietzsche, ao fogo cerrado de suas três teses fundamentais: a Morte de Deus, o Além-do-Homem e o Eterno Retorno.

---

* Para Ricoeur (1991), o anticogito de Nietzsche não é o inverso do *cogito* cartesiano, mas a destruição da própria questão à qual o *cogito* era convidado a dar uma resposta absoluta.

O texto a seguir, do próprio Nietzsche, pode ser compreendido como um dos ataques mais decisivos contra o pensamento de tipo metafísico.

Como o mundo "verdadeiro" acabou por se tornar fábula

História de um erro

O *mundo verdadeiro* passível de ser alcançado pelo sábio, pelo devoto, pelo virtuoso. – Ele vive no interior deste mundo, ele mesmo é este mundo. (Forma mais antiga da ideia, relativamente inteligente, simples, convincente. Transcrição da frase: "eu, Platão, sou a verdade".)

O mundo verdadeiro inatingível por agora, mas prometido ao sábio, ao devoto, ao virtuoso ("ao pecador que cumpre a sua penitência").

(Progresso da ideia: ela se torna mais sutil, mais insidiosa, mais inapreensível – ela torna-se mulher, torna-se cristã...)

O mundo verdadeiro inatingível, indemonstrável, impassível de ser prometido, mas já enquanto pensado um consolo, um compromisso, um imperativo.

(No fundo, o velho sol, só que obscurecido pela névoa e pelo ceticismo; a ideia tornou-se sublime, esvaecida, nórdica, *königsberguiana*.)

O mundo verdadeiro – inatingível? De qualquer modo, não atingido. E, enquanto não atingido, também desconhecido. Consequentemente tampouco consolador, redentor, obrigatório: Ao que é que algo de desconhecido poderia nos obrigar?...

(Manhã cinzenta. Primeiro bocejo da razão. O canto de galo do positivismo.)

O "mundo verdadeiro" – uma ideia que já não serve mais para nada, que não obriga mesmo a mais nada – uma ideia que se tornou inútil, supérflua; consequentemente, uma ideia refutada: suprimamo-la!

(Dia claro; café da manhã; retorno do bom do bom senso e da serenidade; rubor de vergonha de Platão; algazarra dos diabos de todos os espíritos livres.)

Suprimimos o mundo verdadeiro: que mundo nos resta? O mundo aparente, talvez?...Mas não! Com o mundo verdadeiro suprimimos também o aparente!

(Meio-dia; instante da sombra mais curta; fim do erro mais longo; ponto culminante da humanidade; INCIPIT ZARATUSTRA).

Fonte: Nietzsche, 1998.

Nietzsche foi, desse modo, um dos mais destacados críticos da reflexão metafísica, e seu pensamento continua sendo uma das referências para a compreensão dos caminhos de investigação metafísica, bem como um símbolo de ataque a esse modelo de investigação filosófica.

4.5
Heidegger e a superação da metafísica

Em 1929, Martin Heidegger publicou o ensaio O que é a metafísica?, resultado de uma conferência inaugural proferida na Universidade de Freiburg, em Brisgóvia, Alemanha, onde acabava de ser nomeado catedrático de filosofia. O ensaio se inicia com uma introdução na qual adverte que não irá falar de metafísica, mas elucidar uma questão metafísica, que se divide, segundo o próprio Heidegger, em três partes essenciais: abordagem de uma questão metafísica, elaboração da questão e resposta à questão.

Figura 4.5 – Martin Heidegger (1889-1976)

A questão que o próprio Heidegger procurará responder mais tarde – "por que há ente e não o nada?" – será desenvolvida na obra *Introdução à metafísica*, publicada em 1953 e resultado de um curso ofertado em 1935. Essa questão havia sido formulada anteriormente por Leibniz na obra *Os princípios da natureza e da graça*, sendo retomada por Heidegger ao introduzir seu próprio pensamento sobre a questão. Este assinala que a pergunta se trata da primeira de todas as perguntas, a mais fundamental das questões da metafísica, ainda que se examine todo tipo de questão antes dela ou que essa questão jamais seja colocada.

Essa questão é altamente relevante para Heidegger, uma vez que não se detém diante de um ente qualquer, mas que abarca todos os entes. É uma questão que não se detém ante o **nada**, porque o **nada** também é abarcado por ela. É, assim, a questão mais profunda, uma vez que busca o fundamento do ente enquanto ente*, mas que não se encontra no mesmo plano que esse ente (diferença ontológica). Nesse panorama, Heidegger chama de *diferença ontológica* a diferença entre o ser e o ente, isto é, a distância entre a existência e os seres humanos existentes.

> *Em 1927, Heidegger* qualificou a "ciência do ser" como *ciência transcendental*. Alguns anos mais tarde, retornou tema para expressar que a sua concepção inicial de tempo como "horizonte transcendental" da compreensão do ser poderia gerar equívocos, levando a pensar que fosse um pensador metafísico-fundacionista. Por essa razão, na segunda fase de sua obra, Heidegger abandonou definitivamente a posição transcendentalista, substituindo o conceito de verdade como condição de possibilidade da experiência pelo conceito de verdade como **clareira do ser**.

---

* Heidegger não está propondo que se busque uma causa última ou um princípio fundamental – esse fundamento, *grund*, é abismo, e a ausência de fundamento é *abgrund*.

Ainda sobre a pergunta "por que há ente e não o nada?", ela configura-se como uma questão mais originária, porque vai além de qualquer ente em particular e só se interroga pelo ente como ente. Não singularizando nenhum ente, Heidegger reconhece que só um entre todos se sente implicado e envolto pela questão: o ente que coloca a questão, ou seja, o *Dasein* (ser-aí).

Esse questionamento, essa interrogação, é, ainda assim, um questionamento metafísico. Após uma análise detalhada dos termos gregos *physis, éthos, nómos* e *téchne*, Heidegger considera que se chamamos de *physis* o ente enquanto tal, em sua totalidade, ultrapassar o ente seria metafísica. A metafísica é o nome do centro determinante e o núcleo de toda filosofia.

No entanto, a metafísica foi confundida com a física na medida em que se indaga exclusivamente pelo ente, permanecendo esquecida a interrogação pelo ser do ente. Desse modo, na interpretação predominante, a questão ontológica tem recaído exclusivamente sobre o ente como tal, mas, a partir de *Ser e tempo*, obra fundamental de Heidegger, a questão recai sobre o ser como tal e mantém a diferença ontológica: o ser do ente não é apenas mais um ente.

No enfrentamento dessa questão fundamental, a questão do ser, Heidegger defende um modo de pensar próximo à poesia, pois considera que não se pode falar dessa questão por meio da linguagem habitual, sendo possível tão somente por intermédio da linguagem poética.

> *Para refletir*
>
> *Ainda podemos, depois* dessas considerações, situar Heidegger no terreno da metafísica?

O termo *ontologia* está repleto de ambiguidades e designa tanto a reflexão sobre o ser como a tradicional reflexão sobre o ente. Essa confusão faz com que Heidegger insista em abandoná-lo. O filósofo propõe, assim, a necessidade de abandonar o campo próprio da metafísica e ir além dela. No epílogo *Que é metafísica?*, Heidegger afirma que a pergunta "que é a metafísica?" segue vigente, mas que nasce de um pensamento que já se situa na superação da metafísica.

De acordo com Nunes (2009, p. 56),

> *Heidegger pergunta em Ser e Tempo pelo sentido do ser. Essa pergunta, necessariamente ontológica, desenvolve-se aí num rumo que ultrapassa os limites da metafísica [...]. A pergunta pelo sentido do ser adquire em Ser e Tempo, após a neutralização da metafísica que aí se opera, um sentido originário. De fato, Heidegger recua, nessa obra, à origem mesma da pergunta, que é a existência humana (Dasein). [...] o ser humano, diz Heidegger, é aquele ente a quem o ser concerne.*

Como podemos depreender dessas análises, Heidegger tem por uma de suas metas fundamentais desmascarar os pressupostos da metafísica tradicional e destruir a história da ontologia em busca de outro modo de pensamento que se apresente como experiência originária do ser que, sucessivamente, foi condenado ao esquecimento. A tarefa se converte, portanto, em desvelar, tirar o véu que ocultou progressivamente o ser, e é essa a tarefa da **ontologia fundamental**.

Essa postura conduzirá à mútua implicação entre o ente que indaga sobre o ser (*Dasein*) e o ser que é indagado, pois há uma relação deste com o ser. De todos os entes, o homem é aquele que, ao indagar sobre o ser, torna-se excepcional como mediador do sentido do ser. Essa existência excepcional colabora na dissolução da metafísica tradicional e conduz, assim, à ontologia fundamental e à saída do homem de si mesmo, tornando difícil a tarefa de se saber o que procede do homem e o que procede do ser.

> *A verdade do* ser pode chamar-se, por isso, o chão no qual a metafísica, como raiz da árvore da filosofia, se apoia e do qual retira seu alimento. Pelo fato de a metafísica interrogar o ente, enquanto ente, permanece ela junto ao ente e não se volta para o ser enquanto ser. Como raiz da árvore, ela envia todas as seivas e forças para o tronco e os ramos. A raiz se espalha pelo solo para que a árvore dele surgida possa crescer e abandoná-lo. A árvore da filosofia surge do solo onde se ocultam as raízes da metafísica. O solo é, sem dúvida, o elemento no qual a raiz da árvore se desenvolve, mas o crescimento da árvore jamais será capaz de assimilar em si de tal maneira o chão de suas raízes que desapareça como algo arbóreo na árvore. Pelo contrário, as raízes se perdem no solo até as últimas radículas. O chão é chão para a raiz; dentro dele ela se esquece em favor da árvore. Também a raiz ainda pertence à árvore, mesmo que a seu modo se entregue ao elemento do solo. Ela dissipa seu elemento e a si mesma pela árvore. Como raiz, ela não se volta para o solo; ao menos não de modo tal como se fosse sua essência desenvolver-se apenas para si mesma neste elemento. Provavelmente, também o solo não é tal elemento sem que o perpasse a raiz.

Fonte: Heidegger, 1996, p. 78.

Ainda restaria indagarmos se a reflexão heideggeriana conseguiu, de fato, distanciar-se o suficiente da tradição metafísica ao propor um movimento de retorno à questão do ser. O que é inegável, no entanto, é a virada operada pelo filósofo e que se tornou incontornável nas reflexões que têm como objeto a investigação metafísica.

> *Para refletir*
> A *proposta heideggeriana* pode ser considerada uma defesa do esgotamento da tradição metafísica e um decreto de sua impossibilidade?

4.6
Pós-modernidade e pós-metafísica

É usual ouvirmos a expressão *pós-moderno* hoje em dia. Parece que há uma verdadeira enxurrada de pensadores capazes de preencher os requisitos para que os qualifiquemos com esse nome. Assim, mais do que encontrar as características que permitiriam identificá-los desse modo, o que se vê é uma tentativa de manter-se ao largo do trabalho erigido no bojo da modernidade. Desse modo, parece que a modernidade não teria mais o que oferecer de inspiração para o que hoje se denomina *mercado de ideias*. Se for assim, poderíamos utilizar como maneira de exprimirmos o trabalho do pensamento que hoje se estaria realizando como "antimodernos".

Mas o que seria propriamente as características que nos permitiriam qualificar um pensador de antimoderno? Segundo Wellmer (1986, p. 49 e ss), na rede de conceitos e formas da reflexão pós-moderna, pode-se encontrar "uma modernidade radicalizada, de uma Ilustração ilustrada acerca de si mesma, e de um conceito de razão pós-racionalista". Esse tipo de reflexão, para o autor, representa "o *pathos* do final e o *pathos* de uma radicalização da Ilustração", afirmando decisivamente que nada de iluminador pode ser dito a respeito do pós-modernismo, a não ser que representa uma perspectiva que esboça "uma autocompreensão no presente mesmo, a autocompreensão a um tempo afetiva, cognitiva e volitiva" (Wellmer, 1986, p. 49 e ss).

Nessa direção é que se pode compreender a descrição que Ihab Hassan (1977) faz do chamado *movimento pós-moderno*: desconstrução, descentramento, desaparição, disseminação, desmistificação, descontinuidade, diferença, dispersão, fragmentação, heterodoxia, pluralismo, aleatoriedade, perversão, revolta, deslocamento, ruptura, disjunção, desaparecimento, decomposição, entre outros. Segundo Hassan (1987, p. 1), citando Wellmer, "trata-se de um momento antinômico, que assume um desmantelamento de grande amplitude no pensamento do Ocidente". Ele chega a fazer uma lista de supostos pensadores pós-modernos. A lista é composta pelos seguintes nomes:

> Jacques Derrida, Jean-Francois Lyotard (Filosofia), Michel Foucault, Hayden White (História), Jacques Lacan, Gilles Deleuze, R. D. Laing, Norman O. Brown (Psicanálise), Herbert Marcuse, Jean Baudrillard, Jurgen Habermas (Filosofia Política), Thomas Kuhn, Paul Feyerabend (Filosofia da Ciência), Roland Barthes, Julia Kristeva, Wolfgang Iser, the "Yale Critics" (Teoria Literária), Merce Cunningham, Alwin Nikolais, Meredith Monk (Dança), John Cage, Karlheinz Tockhausen, Pierre Boulez (Música), Robert Rauschenberg, Jean Tinguely, Joseph Beuys (Arte), Robert Venturi, Charles Jencks, Brent Bolin (Arquitetura), e vários autores, desde Samuel Beckett, Eugene Ionesco, Jorge Luis Borges, Max Bense, e Vladimir Nabokov até Harold Pinter, B. S. Johnson, Rayner Heppenstall, Christine Brooke-Rose, Helmut Heissenbuttel, Jurgen Becker, Peter Handke, Thomas Bernhardt, Ernest Jandl, Gabriel García Márquez, Julio Cortázar, Alain RobbeGrillet, Michel Butor, Maurice Roche, Philippe Sollers e, na América, John Barth, William Burroughs, Thomas Pynchon, Donald Barthelme, Walter Abish, John Ashbery, David Antin, Sam Shepard, e Robert Wilson. (Hassan, 1987, p. 1)

Ainda segundo Hassan (1987), só podemos compreender o significado e o alcance da pós-modernidade se utilizarmos uma visão dialética. Seria isso que o permitiu incluir Lautreamont como um antecedente do pensamento pós-moderno?

Mas pensarmos desse modo ainda seria situar tais pensadores atuando na contracorrente da modernidade, superando-a. Não partilhamos dessa ideia, uma vez que há, no interior da própria modernidade, pensadores refratários à própria modernidade, os quais seriam críticos da modernidade desde suas origens, passando por seu percurso e situando-se desde sua aurora, tanto em tempos atuais como eminentemente antimodernos (Compagnon, 2005).

Esses posicionamentos críticos em relação à modernidade têm na figura de Jürgen Habermas um dos representantes mais notáveis. Trata-se, no entanto, de qualificar o próprio Habermas como crítico do pensamento metafísico e da razão totalizadora, O autor, ao se autossuperar e perder sua unidade globalizante e a racionalidade, converte-se, assim, em "racionalidade comunicativa", para utilizarmos a expressão consagrada por ele próprio. Isso transparece uma verdadeira transformação no modo de se conceber a razão. Para o filósofo e sociólogo alemão, há um entrelaçamento íntimo entre racionalidade, linguagem e ação.

Outras perspectivas de pensamento, para além do terreno próprio da metafísica, encontram respaldo nas obras de Adorno e Horkheimer, representantes de uma reflexão que coloca em xeque a "pressão sistematizadora do pensamento conceitual". Reiteramos que os apontamentos aqui feitos não pretendem esgotar as possibilidades extraídas do pensamento pós-metafísico.

4.7
Neurociências

A *discussão realizada* até aqui teve como tarefa fundamental tratar de temas e autores que se inserem, de um modo ou de outro, na busca pela fundamentação metafísica da realidade ou pelos questionamentos de tais fundamentos. A intenção, nesse momento, é situar a relação entre ciência e filosofia que assinalamos no início deste livro.

O diálogo examinado será retomado aqui, com o apontamento de algumas indagações em torno de questões colocadas pela ciência e refletivas no interior da filosofia. Mais que isso, a reflexão é, agora, realizada em conjunto, de modo interdisciplinar, exigindo que os interlocutores estejam dispostos a abordar, a seu modo, tais questões.

Essas discussões têm, na atualidade, o protagonismo das **neurociências**. Mas o que isso significa e em que sentido tal protagonismo nos atinge e nos convoca à reflexão? Vejamos.

As **neurociências** são resultantes de preocupações fundamentais com o funcionamento do cérebro e seus impactos nos diversos âmbitos da vida. Foi com o objetivo de analisar tais impactos que, em 1962, um grupo de pesquisadores fundou o *Neuroscience Research Program* (Programa de Pesquisa em Neurociênia), no Massachusetts Institute of Technology (MIT). Ele esteve sob a liderança do professor Francis Otto Schmitt, que permaneceu à frente do Departamento de Biologia do Instituto durante os anos de 1942 até 1964. A proposta era, desde o início, congregar pesquisadores das mais diversas áreas que se dispusessem, interdisciplinarmente, a colaborar com a compreensão das relações entre mente e cérebro. O programa contava, então, com a participação de biólogos, médicos, químicos, físicos, psicólogos, filósofos, entre outros. Mais tarde, Schmitt criou o também prestigiado *Neuroscience Research Project*, que originou a *The Society for Neuroscience* (SfN). O nome *neurociência* surgiu, assim, com a tentativa de incorporar profissionais de áreas distintas, mas, ao mesmo tempo, que estivessem interessados no estudo da mente e do cérebro.

Inicialmente, as neurociências podem ser relacionadas aos avanços tecnológicos e com um forte acento empírico, ou seja, atuando prioritariamente e com vistas à investigação do que ocorre no cérebro humano. Buscam, experimentalmente, compreender o funcionamento do cérebro com base na observação e na experimentação. Uma das preocupações centrais é, então, dedicar-se a realizar uma espécie de "mapeamento" do cérebro humano, conhecido como *neuroimagem* – técnica de ressonância magnética que possibilita investigar o funcionamento cerebral, suas variadas atividades e as possíveis inter-relações.

As técnicas de neuroimagem tornam disponíveis uma grande gama de informações sobre como atua o cérebro à medida que determinadas tarefas são realizadas pelo "indivíduo" observado. Percebemos que um conhecimento desse tipo parece, à primeira vista, muito promissor. Mas em que sentido?

Com o avanço vertiginoso das investigações oriundas das neurociências, tem-se à disposição novos modos para se compreender doenças como o Alzheimer, a arteriosclerose e a esquizofrenia. Pretende-se, ainda, auxiliar na busca de uma melhora substancial das capacidades cognitivas, como a memória, a atenção, bem como dar precisão ao diagnóstico de morte cerebral. Ajudariam também a se pensar o melhor momento para se aprender um idioma ou para entender a influência dos jogos no desenvolvimento cognitivo, por exemplo, já que se conhece os mecanismos de desenvolvimento cerebral.

Esses conhecimentos que seguem avançando e que proporcionam uma verdadeira revolução em nosso modo de compreender o ser humano parecem apontar para uma Idade de Ouro* no futuro. Além disso, eles perturbam as categorias filosóficas tradicionais, como **eu**, **essência**, **substância**, **sujeito**, **identidade**, **verdade**, **moralidade**.

Um caso pode exemplificar o que estamos tentando expressar. Observe:

> *Phineas Gage, um* respeitado trabalhador ferroviário, sofreu, em 1848, um grave acidente de trabalho: no momento em que pressionou a pólvora para dentro de um buraco aberto em uma rocha, que estava sendo dinamitada para a construção de uma estrada de ferro, o atrito criou uma faísca, o que fez a pólvora explodir.

---

* Chamamos de *Idade de Ouro* o período em que o mundo vivia em um estado de apogeu e glórias perpétuas.

Essa explosão projetou uma barra de ferro para tapar buracos (o ferro, de quase 1 m de largura e 6 kg) contra o crânio de Gage, acertando diretamente o lóbulo frontal* de seu cérebro. Em seguida, Gage levantou-se naturalmente, como se nada tivesse ocorrido, e passou a conversar normalmente com o médico que o assistia e com seus companheiros de trabalho. Algum tempo depois, no entanto, passou a comportar-se de modo distinto de seu comportamento habitual com as pessoas com as quais se relacionava. Isso afetou de tal modo sua vida que fez com que perdesse o emprego e os amigos e, enfim, se visse obrigado a mudar de cidade até sua morte, ocorrida em 1860. Cabe lembrar que desde o acidente sofrido, Gage sofreu uma série de ataques epiléticos e sua saúde deteriorou-se consideravelmente.

Figura 4.6 – Phineas Gage e o trauma em seu crânio

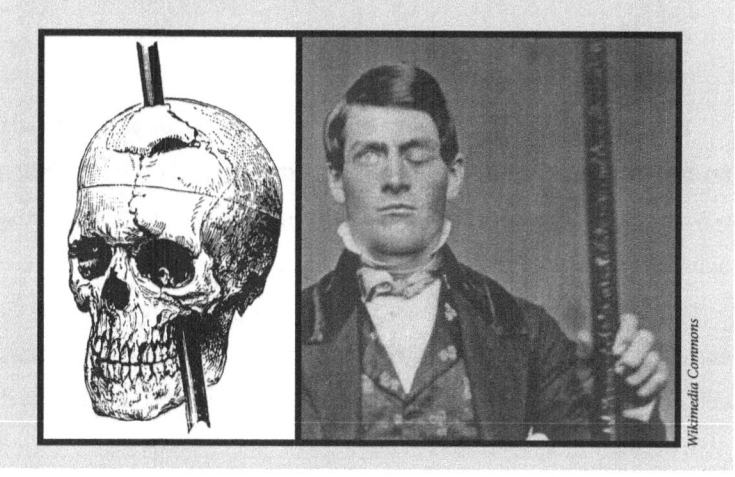

Fonte: Damasio, 1994, p. 3-10, tradução nossa.

---

*   O lóbulo frontal contém a maior parte do circuito neural que governa nossos juízos sociais, bem como nossa capacidade de planificação e organização, além de aspectos da linguagem e uma parte considerável da memória, a chamada *memória de curto prazo*.

Esse caso foi descrito pelo neurobiólogo António Damasio (1994), em seu livro *O erro de Descartes*, e ilustra como a lesões graves nos lóbulos frontais não acarretam um déficit geral na resolução de problemas ou prejudicam a inteligência em geral. O problema seria circunscrito, delimitado, como a incapacidade de ter em conta as consequências futuras de suas ações. O surgimento de reações impulsivas e sem controle pode ajudar a explicar o porquê de Gage ter se transformado em um sujeito moralmente extraviado. Ao final, Damasio (1994) afirma que Gage não é Gage, tamanha a transformação ocorrida em sua vida.

As **neurociências** assumiram, desde então, a seguinte classificação, a qual segue em alteração (Albright et al. 2000):

1. neuropsicologia;
2. neuroanatomia;
3. neurofisiologia;
4. psicofísica;
5. ciências computacionais.

Essas cinco áreas, inicialmente e de acordo com as ideias investigadas no artigo citado, constituem um esforço experimental e interdisciplinar por compreender a estrutura, os mecanismos operacionais e os sistemas neurais que envolvem a visão, a memória e a linguagem.

Atualmente, novas investigações têm surgido acerca das relações entre cérebro, mente, corpo e comportamento, de modo que a classificação pode ter adicionado novas frentes e novos aportes. É o caso da **neuroética**, como veremos adiante.

4.8
Neuroética

A *neurociência tem* colocado questões consideravelmente importantes para a reflexão filosófica, como esta: Somos, de fato, livres ou estamos inevitavelmente determinados por nossos cérebros? Qual é o aporte ou a contribuição da filosofia nas discussões oriundas das neurociências?

A obra de Mary Shelley, *Frankenstein ou O Prometeu Moderno*, marca, segundo o ex-presidente da Dana Foundation*, William Safire (2002), a preocupação que ocupará a reflexão filosófica e científica de que estamos tratando. Na ficção, um jovem médico, com o espírito cultivado e decidido em melhorar a humanidade, ou seja, no afã de criar um ser perfeito, dedica todo o seu tempo nessa tarefa. De acordo com o protagonista da narrativa, o ser criado "nem o próprio Dante poderia imaginar".

Para Safire (2002, p. 3), a **neuroética** teve início com a tentativa de examinar

> *o que é certo ou errado, bom ou mau, em relação ao tratamento do cérebro humano, seu aperfeiçoamento, sua boa invasão, ou manipulação preocupante, incluindo a neuroimagem, a robótica, interfaces entre o cérebro e o computador, psicofarmacologia e neuroestimulação aumentativa das funções cerebrais normais.*

O exemplo de Gage parece supor que o que hoje chamamos de *ética* tende a depender do bom funcionamento do cérebro, entendido como um sistema fortemente interligado. Tais interações, que são altamente complexas e das quais podem originar comportamentos inesperados e processos cognitivos alheios aos esperados, podem alterar tanto a tomada de decisão quanto a relação com as demais pessoas.

Isso parece apontar para uma completa e nova forma de compreensão do papel do cérebro na vida como um todo. Entretanto, será que danos cerebrais não podem ter como consequência prejuízos morais incontornáveis? O exemplo de Gage indica que sim. O conhecimento desse

---

* Dana Foundation é uma instituição de prestígio internacional por suas contribuições no campo de investigação científica sobre o cérebro.

caso nos mostra que não se deve, em nome dos incontáveis progressos notados nas **neurociências**, deixar de lado a cautela e a ponderação no momento de se receber tais avanços.

De todo modo, uma vez que pacientes sejam diagnosticados com lesões cerebrais, será possível realizar tratamentos que permitam o aprendizado e desenvolver formas com as quais se possa viver com condições relativamente normais, capacitando-os para que sigam sua vida sem que ocorra o mesmo que sucedeu com Phineas Gage.

A **neuroética** busca, assim, investigar o rastro das mais recentes descobertas das neurociências e atentar-se aos efeitos morais que tais pesquisas possam causar. Não se trata, no entanto, de uma subserviência da reflexão ética, mas sua inserção no debate de ponta, que ocupa, atualmente, o avanço tecnológico e científico no campo da moralidade e da ética. Tal reflexão, além de atual, coloca novamente em cena a fértil interlocução entre filosofia e ciência.

Síntese

Este capítulo teve como intenção apresentar e examinar alguns dos filósofos que questionaram o papel da metafísica na filosofia ocidental (e o seu estatuto de conhecimento) e que desferiram duros golpes a esse saber. Iniciamos por Descartes e Kant, tentando apontar algumas características que são próprias da modernidade. Em seguida, examinamos algumas teses críticas de Schopenhauer e Nietzsche para, ao final, apresentar a formulação central da interpretação heideggeriana acerca da metafísica.

As últimas seções do capítulo tiveram como prioridade discutir temas para além dos questionamentos metafísicos. É nesse cenário, como pudemos notar, que a investigação sobre a tematização da linguagem, da ciência e da tecnologia e o papel fundamental e crucial dos avanços neurocientíficos se apresentam. A tarefa aqui, no entanto, foi realizar uma breve apresentação dessas questões para, por fim, destacar o caráter inter-relacional da filosofia com a ciência contemporânea.

Como vimos, o enfrentamento de temas espinhosos encontra eco no interior da reflexão filosófica na atualidade, principalmente com o debate interdisciplinar sobre como os conhecimentos alcançados pelas neurociências podem impactar no terreno da ética. Essa investigação científica, ainda em curso, tem proporcionado um terreno igualmente fértil para a investigação filosófica.

Indicações culturais

Filmes

> DESCARTES. Direção: Roberto Rossellini. Itália: Versátil Home Vídeo, 1974. 162 min.
> Trata-se de um belíssimo filme que procura apresentar as questões com as quais Descartes lidava em seu tempo.

FESTIM Diabólico. Direção: Alfred Hitchcock. EUA: Universal Pictures, 1948. 81 min.

Brandon e Phillip assassinam seu amigo David por considerarem-se superiormente intelectuais em relação a ele. Com frieza e arrogância, resolvem provar para eles mesmos sua habilidade e esperteza: escondem o cadáver em um grande baú, utilizando-o como mesa de jantar, e colocando-o no meio da sala de estar de seu apartamento durante uma festa. A ausência total de referências morais levou Brandon e Phillip a acreditarem que o assassinato não tinha implicações morais. Em que medida se pode afirmar que a ausência de valores levará a ações desse tipo? A argumentação deve levar em consideração a escalada do niilismo (o mais sinistro dos hóspedes) que caracteriza a atualidade, segundo Nietzsche. É importante mencionar que o filme é baseado em uma história real.

LARANJA Mecânica. Direção: Stanley Kubrick. EUA: Warner Home Video, 1971. 136 min.

O filme retrata a violência de jovens combatida pelo autoritarismo incontrolável do Estado Moderno. Alex faz parte de um grupo de adolescentes muito violentos, que pode ser observado desde o início do filme. Ao ser preso, é oferecido a Alex a opção para escapar de longa sentença, submetendo-se a um tratamento que incutirá repulsa a qualquer ato violento ou cena de violência. Os resultados acabam fugindo do controle e Alex torna-se, também, incapaz de reagir diante de atos de violência. Sugerimos que você reflita sobre os possíveis limites que a ciência deveria ter ao pretender modificar o comportamento humano, ainda que os resultados possíveis possam melhorar a vida em sociedade. Não estaríamos, desse modo, abrindo mão de um dos elementos centrais da vida humana, a liberdade?

Livro

SHELLEY, M. **Frankenstein ou o Prometeu moderno**. São Paulo: Ibep Nacional, 2006.

Obra fundamental para analisar as possibilidades ficcionais do empenho científico na criação da vida.

Atividades de autoavaliação

Analise as atividades a seguir e assinale a alternativa correta:

1. Segundo Descartes, a firme adesão da mente a algo que se conhece, sem temor de errar, pode ser chamada de:
   a) certeza.
   b) verdade.
   c) evidência.
   d) Nenhuma das alternativas anteriores.

2. Kant nega, decisivamente, a pretensão da metafísica em ser ciência. Essa afirmação é:
   a) correta.
   b) incorreta.
   c) ilógica.
   d) inverossímil.

3. Nietzsche pode ser considerado um filósofo:
   a) metafísico, no sentido tradicional.
   b) defensor da concepção platônica do mundo.
   c) antimetafísico por excelência.
   d) Nenhuma das alternativas anteriores.

4. Podemos afirmar que Heidegger tem como tema fundamental em sua reflexão:
   a) a substituição do ser pelo dever-ser.
   b) a retomada da metafísica tradicional.
   c) a extração das reflexões possíveis pelo sucessivo esquecimento das indagações do ser.
   d) Nenhuma das alternativas anteriores.

5. As neurociências podem ser consideradas decorrentes de investigações de cunho:
   a) estritamente disciplinar e preocupadas com o comportamento humano.
   b) interdisciplinar e que congrega profissionais de diversas aéreas, com a preocupação de compreender o funcionamento cerebral e mental do ser humano.
   c) interdisciplinar e preocupada com o conhecimento dos impactos morais do conhecimento produzido pelas novas tecnologias.
   d) Nenhuma das alternativas anteriores.

Atividades de aprendizagem

Questões para reflexão

1. Apresente as características das neurociências.

2. Discuta as propostas das neurociências e seu impacto no comportamento humano.

3. Analise se há, definitivamente, superação da metafísica com o advento da neurociência. Em seguida, discuta a contribuição da neuroética nas reflexões sobre a ética.

Atividades aplicadas: prática

1. Analise o filme *Festim diabólico* com base nas perspectivas de Nietzsche. Em seguida, produza um texto, apontando em que sentido o filme coloca em questão o tema do niilismo e se é possível afirmar que as personagens adotam o pensamento nietzschiano.

2. Leia o texto a seguir:

   > Mr. Stevens, enquanto vai ao encontro da Sra. Kenton, relembra os tempos de glória da DARLINGTON HALL, que tinha como proprietário o cavalheiro Lord Darlington, analisando as particularidades de se pertencer à HAYES SOCIETY, uma sociedade que abriga mordomos e que exige como critério de entrada, o pertencimento à "uma casa ilustre". É em meio às suas reflexões sobre os áureos tempos de Darlington Hall que Stevens compara a velha escola e a nova escola dos mordomos. Para Mr. Stevens, os mordomos da geração anterior, geração de seu pai, "tendiam a ver o mundo em termos de escada, sendo que qualquer mordomo ambicioso simplesmente faria o possível para subir o mais alto que pudesse na escada, e de maneia geral quanto mais alto ele subia maior era o seu prestígio profissional". Ao comentar em que medida a geração a qual pertence tem como uma das principais características, afirma: "É minha impressão que a nossa geração foi a primeira a reconhecer algo que escapou à atenção de todas as gerações anteriores". E assinala uma das principais virtudes de sua atividade profissional era "[...] dar nossa pequena contribuição para a criação de um mundo melhor, e sabíamos que, como profissionais, a maneira mais segura de fazer isso seria servir os grandes cavalheiros de nosso tempo, a cujas mãos a civilização tinha sido confiada".

   Fonte: Ishiguro, 1994.

   Levando em consideração o texto, analise em que medida se pode afirmar que há progressos na humanidade. Em seguida, discuta os possíveis melhoramentos com o avanço das neurociências.

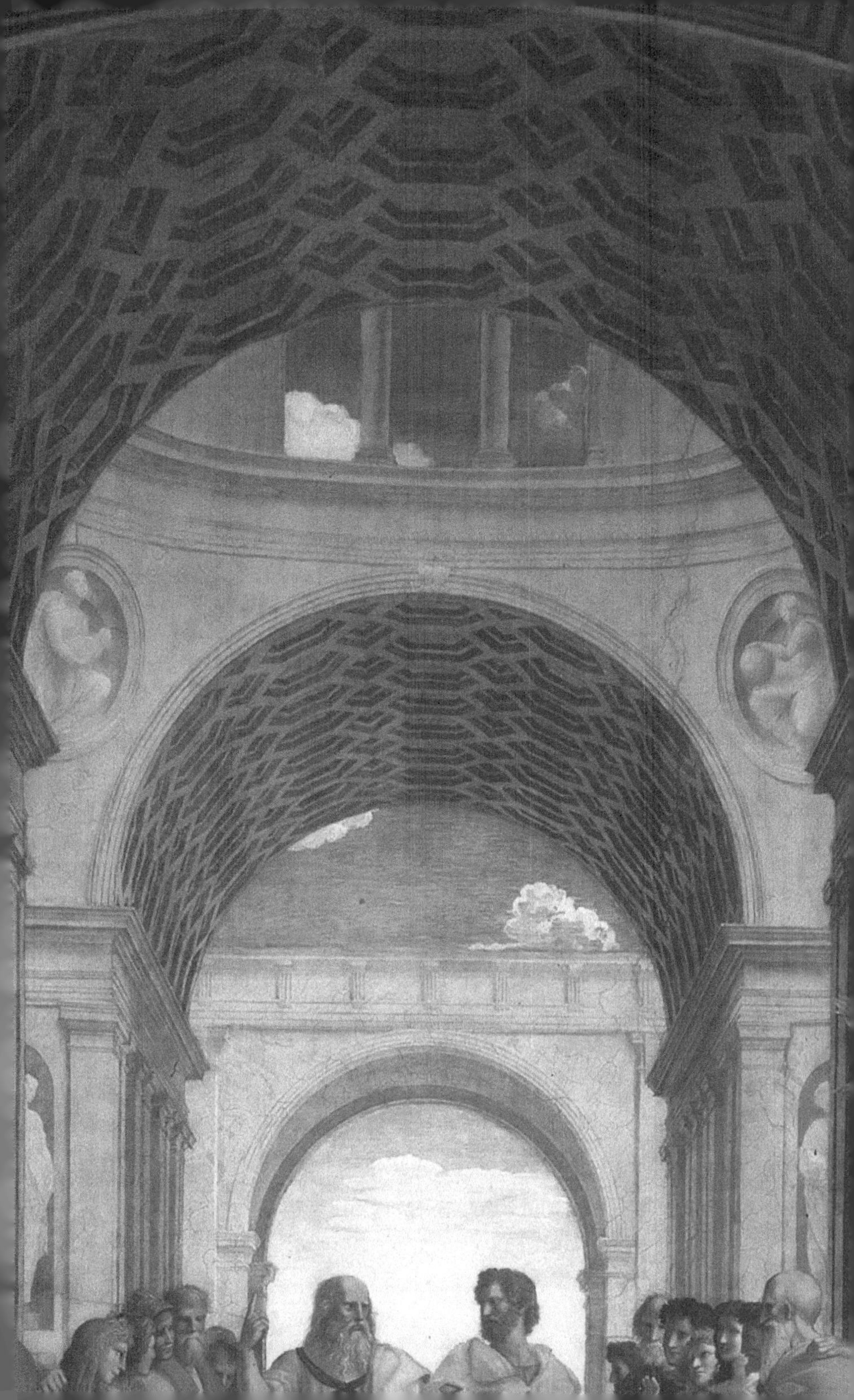

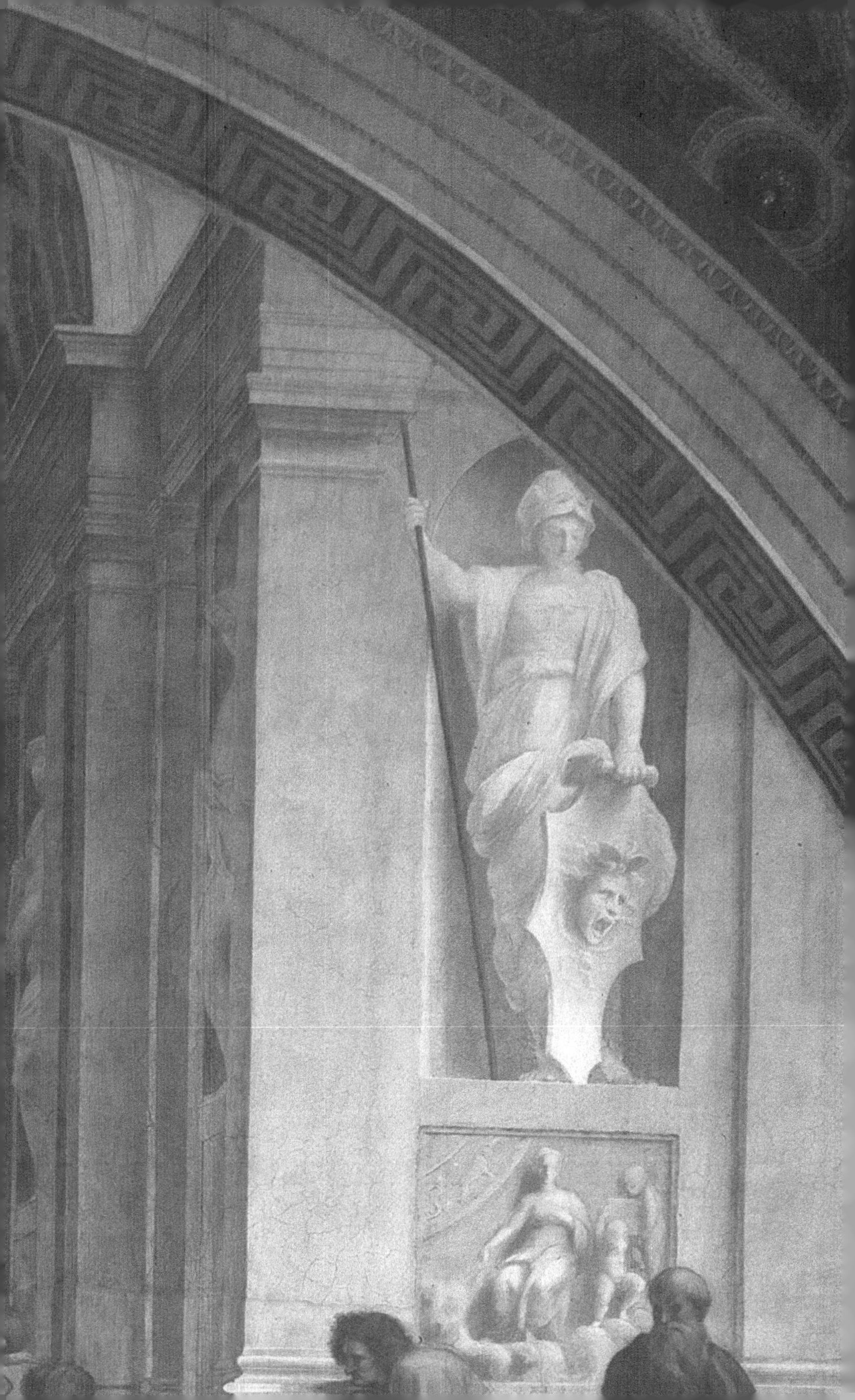

considerações finais

As *duas pontas* deste livro (início e fim) estiveram atreladas a duas ideias básicas. A primeira é aquela defendida por Aristóteles e representa o real empreendimento da metafísica: a metafísica como **ciência** do ser (o ser enquanto ser). Para melhor empreendermos a compreensão da metafísica como ciência do ser, introduzimos um diálogo entre a filosofia e a ciência. Em seguida, apresentamos os interlocutores que nos possibilitariam investigar os principais conceitos tratados pela *filosofia* *primeira*, expressão utilizada por Aristóteles para se referir ao que mais tarde se chamaria *metafísica*.

A segunda ponta está fundamentalmente associada à interpretação heideggeriana do percurso empreendido pela pretensão metafísica em conhecer o ser. Essa interpretação considera que o que fizemos até agora – compreender o ser por intermédio da metafísica – representa, acima de tudo, um processo que significa cobrir esse ser com sucessivas camadas que historicamente o condenaram ao esquecimento. Se Kant afirma que a metafísica é impossível como ciência, Heidegger, como vimos, propõe um desvelamento do ser e uma superação da metafísica.

No meio dessas duas pontas, que trouxeram Aristóteles e Heidegger, procuramos traçar um caminho em que fosse possível identificar as tarefas capazes de proporcionar um posicionamento sobre os temas tratados. Se, num primeiro momento, dedicamo-nos a atrelar a discussão a poucos autores, na terceira e quarta parte nos dedicamos a expor as teses defendidas por aqueles que tornariam a metafísica objeto de crítica, de questionamento e de possível revisão.

Nesse sentido, filósofos como Descartes, Kant, Schopenhauer, Nietzsche e Heidegger aparecem como decisivos para colocar em xeque os percursos da metafísica. Se esta é, ao final, entendida como incapaz de se sustentar como ciência, caberá a você decidir, uma vez que já está a par das forças e das fragilidades de tal reflexão. Quanto ao que afirma Nietzsche, ao desferir um golpe profundo nas estruturas metafísicas da realidade, entendidas como expressões de valor com vistas ao domínio, caberá também a você exprimir se tal compreensão é plausível.

De todo modo, esperamos que tal retomada das questões sobre o ser seja possível, não necessariamente em sentido heideggeriano, mas na medida em que sejamos capazes. Além disso, contamos com que as discussões desenvolvidas permitam que novas contribuições sobre o ser possam surgir, no terreno próprio da metafísica ou não.

Ao final, e para além de considerações tipicamente metafísicas, discutimos o possível reencontro entre ciência e filosofia. Ao examinar os conhecimentos produzidos pelas neurociências e o surgimento da neuroética, tematizamos um horizonte no qual investigações de tom interdisciplinar poderão gerar novos questionamentos acerca de temas que cada vez mais instigam a reflexão.

referências

ADAM, C.; TANNERY, P. (Org.). **Oeuvres de Descartes**. Paris: Vrin, 1973.

AGOSTINHO, Santo. **As confissões**. [s.l.]: Canção Nova. Disponível em: <http://img.cancaonova.com/noticias/pdf/277537_Santo Agostinho-Confissoes.pdf>. Acesso em: 23 jul. 2015.

ALBRIGHT, T. M. et al. Neural Sciences: a Century of Progress and the Mysteries that Remain. **Neuron**, v. 25, p. 1-55, feb. 2000. Disponível em: <http://ac.els-cdn.com/S0092867400002518/1-s2.0-S0092867400002518-main.pdf?_tid=bf6ad64c-22ae-11e5-9bf6-00000aab0f01&acdnat=1436057143_98a64c7fb3a0f89c4e4cc02df7585f87>. Acesso em: 23 jul. 2015.

ANSELMO, Santo. **Proslogion**. 2. ed. Introducción, traducción y notas de Miguel Pérez de Laborda. Pamplona: Ediciones Universidad de Navarras S.A., 2008. (Pensamiento Medieval y Renascentista).

APPIAH, A. K. **Thinking it Through**: an Introduction to Contemporary Philosophy. Oxford: Oxford University Press, 2003.

AQUINO, T. de. **O ente e a essência**. Petrópolis: Vozes, 1995.

ARISTÓFANES. **As nuvens. Só para mulheres. Um deus chamado dinheiro**. Tradução do grego e apresentação de Mário da Gama Kury. Rio de Janeiro: Jorge Zahar, 1995.

ARISTÓTELES. **Éthique à Nicomaque**. Introduction, traduction, notes et index par Jules Tricot. Paris: Librairie Philosophique J. Vrin, 2012.

ARISTÓTELES. Física. In: ARISTÓTELES. **Opere**. Tradução de Antonio Russo. Roma-Bari: Editori Laterza, 1993. v. 3.

ARISTÓTELES. **Física**. Tradução de Guillermo R. de Echandía. Madrid: Gredos, 1995.

ARISTÓTELES. **La Physique**. Texte établi et traduit par Henri Carteron. Paris: Les Belles Lettres, 1986.

ARISTÓTELES. **Metafísica**. Ensaio introdutório, texto grego com tradução e comentário de Giovanni Reale. São Paulo: Edições Loyola, 2001. v. 1, 2, 3.

ARISTÓTELES. **Metafísica**. Tradução de Edson Bini. Bauru: Edipro, 2006.

ARISTÓTELES. **Metafísica**. Tradução de Valentín Garcia Yebra. Edição Trilíngue grego/latim/espanhol. Madrid: Gredos, 1998.

ARISTÓTELES. **Métaphysique**. Traduction et notes par Jules Tricot. Paris: Librairie Philosophique J. Vrin, 1991.

ARISTÓTELES. **Sobre a alma**. Lisboa: Imprensa Nacional Casa da Moeda, 2010. Disponível em: <http://www.obrasdearistoteles.net/files/volumes/0000000031.pdf>. Acesso em: 23 jul. 2015.

ASSOUN, P-L. **Freud & Nietzsche**: semelhanças e dessemelhanças. São Paulo: Brasiliense, 1989.

AUBENQUE, P. **El problema del ser en Aristóteles**. Traducción de Vidal I. Peña García. Madrid: Escolar y Mayo Editores, 2008.

AUBENQUE, P. **Le problème de l'être chez Aristote**. Paris: Presses Universitaires de France, 1962.

BARNES, J. (Ed.). **The Cambridge Companion to Aristotle**. Cambridge: Cambridge University Press, 1995.

BAUDELAIRE, C. **As flores do mal**. Tradução, prefácio e notas de Jamil Almansur Haddad. São Paulo: Difel, 1958.

BERTI, E. **Aristóteles no século XX**. Tradução de Dion David Macedo. São Paulo: Edições Loyola, 1997.

BERTI, E. **As razões de Aristóteles**. Tradução de Dion David Macedo. São Paulo: Edições Loyola, 1998.

BÍBLIA. Português. **Bíblia Online**. Tradução de Almeida corrigida e revisada, fiel ao texto original. Disponível em: <http://www.bibliaonline.com.br/>. Acesso em: 23 jul. 2015.

COMPAGNON, A. **Les Antimodernes**: de Joseph Maistre à Roland Barthes. Paris: Éditions Gallimard, 2005.

CORTINA, A. **Neuroética y neuropolítica**: sugerencias para la educación moral. Madrid: Tecnos, 2012.

DAMASIO, A. **Descartes' error**. New York: Grosset, 1994.

DESCARTES, R. Meditationes de prima philosophia tertia. In: ADAM, C.; TANNERY, P. (Org.). **Oeuvres de Descartes**. Paris: Vrin, 1973. v. 11.

DESCARTES, R. **Regras para a orientação do espírito**. São Paulo: Martins Fontes, 2007.

DETIENNE, M. **A escrita de Orfeu**. Tradução de Mário da Gama Kury. Rio de Janeiro: Zahar, 1991.

DETIENNE, M. O mito: Orfeu no mel. In: GOFF, J. L.; NORA, P. (Org.). **História**: novos objetos. Rio de Janeiro: Francisco Alves, 1995.

DETIENNE, M. **Os mestres da verdade na Grécia arcaica**. Tradução de Andréa Daher. Rio de Janeiro: Zahar, 1988.

FINANCE, J. de. **Conocimiento del ser**: tratado de ontología. Tradução de Salvador Caballero Sánchez. Madrid: Gredos, 1971.

FONTES, J. B. **A musa adolescente**. São Paulo: Iluminuras, 1998.

FONTES, J. B. **Eros, tecelão dos mitos**: a poesia de Safo de Lesbos. São Paulo: Iluminuras, 2003.

FOUCAULT, M. Nietzsche, Freud et Marx. In: **Nietzsche**: Cahiers de Royaumont. Paris: Minuit, 1967.

GAGNEBIN, J. M. de B. As flautistas, as parteiras e as guerreiras. In: GAGNEBIN, J. M. de B. **Sete aulas sobre linguagem, memória e história**. Rio de Janeiro: Imago, 1997. p. 39-48.

GILSON, É. **A filosofia na Idade Média**. Tradução de Eduardo. Brandão. São Paulo: Martins Fontes, 1995. Disponível em: <http://charlezine.com.br/wp-content/uploads/2012/10/A-Filosofia-na-Idade-M%C3%A9dia-Etienne-Gilson.pdf>. Acesso em: 14 jun. 2015.

GOLDSCHMIDT, V. **A religião de Platão**. Tradução de Ieda Porchat Pereira e Oswaldo Porchat Pereira. São Paulo: Difel, 1990.

GOLDSCHMIDT, V. **Os diálogos de Platão**: estrutura e método dialético. Tradução de Dion Davi Macedo. São Paulo: Loyola, 2002.

GRONDIN, J. **Introducción a la metafisica**. Barcelona: Herder, 2006.

HABERMAS, J. **Pensamento pós-metafísico**: estudos filosóficos. 2. ed. Tradução de Flávio Beno. Siebeneichler. Rio de Janeiro: Tempo Brasileiro, 2002.

HASSAN, I. The Critic as Innovator: the Tutzing Statement in X Frames. **Amerikastudien**, Augsburg, v. *2*, n. 1, 1977.

HASSAN, I. Toward a Concept of Postmodernism. In: **The Postmodern Turn**. Ohio: Ohio State University Press, 1987. Disponível em: <http://faculty.georgetown.edu/irvinem/theory/HassanPoMo.pdf>. Acesso em: 23 jul. 2015.

HAZARD, P. **La pensée européenne au XVIII siècle**. Paris: Hachette Littératures, 1963.

HEIDEGGER, M. A superação da metafísica. In: **Ensaios e conferências**. Tradução de Emmanuel Carneiro Leão, Gilvam Fogel e Márcia de Sá Cavalcante Schuback. Petrópolis: Vozes, 2002.

HEIDEGGER, M. **Conferências e escritos filosóficos**. Tradução e notas de Ernildo Stein. São Paulo: Nova Cultural, 1996. (Coleção Os Pensadores).

HEIDEGGER, M. **Que é metafísica?** Tradução de Ernildo Stein. São Paulo: Livraria Duas Cidades, 1969.

HEIDEGGER, M. **Ser e tempo**. Tradução de Marcia Sá Cavalcante Schuback. Petrópolis: Vozes, 1998. Parte I.

HESÍODO. **Teogonia**: a origem dos deuses. Tradução de Jaa Torrano. São Paulo: Iluminuras, 2003.

HOMERO. **Ilíada**. Tradução de Haroldo de Campos. 2. ed. São Paulo: Arx, 2002.

HOMERO. **Odisseia**. Tradução de Jaime Bruna. São Paulo: Cultrix, 1982.

HOUAISS, A.; VILLAR, M. de S. **Dicionário eletrônico Houaiss da língua portuguesa**. versão 3.0. Rio de Janeiro: Instituto Antônio Houaiss; Objetiva, 2009. 1 CD-ROM.

HUSSERL, E. **A crise da humanidade europeia e a filosofia**. Introdução e tradução de Urbano Zilles. Porto Alegre: EdiPUCRS, 2002. Disponível em: <http://www.pucrs.br/edipucrs/digitalizacao/colecaofilosofia/crisedahumanidade.pdf>. Acesso em: 23 jul. 2015.

HUSSERL, E. **Meditações metafísicas e conferências de Paris**. Lisboa: Centro de Filosofia da Universidade de Lisboa, 2010.

ISHIGURO, K. **Os vestígios do dia**. Rio de Janeiro: Rocco, 1994.

JAEGER, W. **Paideia**: a formação do homem grego. São Paulo: Martins Fontes, 1995.

KAHN, C. Sobre o verbo grego ser e o conceito de ser. In: **Cadernos de Tradução 1**. Tradução de Maura Iglésias et al. Rio de Janeiro: Núcleo de Estudos de Filosofia Antiga – Departamento de Filosofia da PUC-Rio, 1997.

KANT, I. **Crítica da razão pura**. [s.l.]: Portal Domínio Público. Disponível em: <http://www.dominiopublico.gov.br/download/texto/cv000016.pdf>. Acesso em: 23 jul. 2015.

KRÄMER, H. J. **La nuova immagine di Platone**. Tradução de A. Pensa. Nápoles: Bibliopolis, 1986.

LADRIÈRE, J. **Os desafios da racionalidade**: o desafio da ciência e da tecnologia às culturas. Petrópolis: Vozes, 1979.

LEIBNIZ, G. W. **Discurso de metafísica e outros textos.** (NPG. e M.). Tradução de Marilena Chaui e Alexandre da C. Bonilha. São Paulo: Martins Fontes. 2004.

MARÍAS, J. **História de la filosofia.** Madrid: Biblioteca de la Revista de Occidente, 1980.

MOLINARO, A. **Metafísica:** curso sistemático. São Paulo: Paulus, 2002.

NIETZSCHE, F. W. **A gaia ciência.** Tradução de Maria R. de Carvalho, Maria L. de Almeida e Maria E. Casquinho. Lisboa: Relógio D'água, 1998.

NIETZSCHE, F. W. **Assim falou Zaratustra:** um livro para todos e para ninguém. Tradução de Mário Silva. Rio de Janeiro: Bertrand, Brasil, 1989.

NIETZSCHE, F. W. **Crepúsculo de los idolos.** Madrid: Alianza Editorial, 1998.

NIETZSCHE, F. W. **Humano, demasiado humano**: um livro para espíritos livres. Lisboa: Relógio D'água, 1997.

NIETZSCHE, F. W. **Obras incompletas.** Tradução e notas de Rubens Rodrigues Torres Filho. São Paulo: Nova Cultural, 1978. (Coleção Os Pensadores). Disponível em: <http://charlezine.com.br/wp- content/uploads/Obras-Incompletas-Nietzsche.pdf>. Acesso em: 23 jul. 2015.

NUNES, B. **O dorso e o tigre.** Rio de Janeiro: Editorial 34, 2009.

PASCAL, B. **Pensamentos.** [s.l.]: eBookLibris, 2002. Disponível em: <http://www.ebooksbrasil.org/eLibris/pascal.html>. Acesso em: 23 jul. 2015.

PAVIANI, J. **Escrita e linguagem em Platão.** Notas introdutórias. Porto Alegre: EdiPUCRS, 1993.

PAZ, O. **Signos em rotação.** São Paulo: Perspectiva, 1971.

PLATÃO. **Diálogos**. Fedro, Cartas, O primeiro Alcibíades. Tradução de Carlos Alberto Nunes. Belém: EDUFPA, 1975. v. 5.

PLATÃO. **Fedro**. Lisboa: Edições 70, 1986.

PLATÃO. **O banquete**. Tradução, introdução e notas de José Cavalcante de Souza. 10. ed. Rio de Janeiro: Bertrand, 2001.

PLATÃO. **Phèdre**. Trad. inédite, introduction et notes par Luc Brisson. Paris: Flammarion, 2000.

PLATÃO. **Sobre a alma**. Lisboa: Imprensa Nacional – Casa da Moeda, 2010.

POLANSKY, R. **The Cambridge Companion to Aristotle's Nicomachean Ethics**. Cambridge: Cambridge University Press, 2014.

REALE, G. **História da filosofia antiga II**. Platão e Aristóteles. Tradução de Henrique Cláudio de Lima Vaz e Marcelo Perine. São Paulo: Loyola, 1994.

REALE, G. **Para uma nova interpretação de Platão**. Releitura da metafísica dos grandes diálogos à luz das "Doutrinas não escritas". Tradução de Marcelo Perine. São Paulo: Edições Loyola, 1997.

RICOEUR, P. **O si-mesmo como um outro**. Tradução de Luci Moreira Cesar. Campinas: Papirus, 1991.

ROSA, J. G. **Sagarana**. São Paulo: Nova Fronteira, 2001.

ROSS, S. D. **Aristóteles**. Tradução de Francisco Lópes Martin. Madrid: Editorial Gredos, 2013.

SAFIRE, W. Visions for a New Field of 'Neuroethics'. CONFERENCE PROCEEDINGS, 2002; New York/San Francisco. **Neuroethics**: mapping the field... New York/San Francisco: Dana Press, 2002. p. 3-10.

SCHLEIERMACHER, F. D. E. **Introdução aos diálogos de Platão.** Tradução de Georg Otte. Belo Horizonte: Ed. da UFMG; Departamento de Filosofia, 2002.

SCHNEEWEND, J. B. **The Invention of Autonomy**: a History of Modern Moral Philosophy. England: Cambridge University Press, 1998.

SCHOPENHAUER, A. **O mundo como vontade e representação.** Rio de Janeiro: Contraponto, 2001.

SIMÕES, M. C. **Nietzsche, a escrita e a moral.** Campinas: Alínea, 2003.

SNELL, B. **A cultura grega e as origens do pensamento europeu.** São Paulo: Perspectiva, 2001.

SOUZA, F. de P. Empirismo e metafísica. **Reflexão**, n. 61, p. 11-35. jan./abr. 1995.

STEINBERG, S. [Sem título]. **The New Yorker.** 18 out. 1969. Disponível em: <https://s-media-cache-ak0.pinimg.com/originals/a8/50/88/a85088e947f8a45b98d44817ec9123e5.jpg>. Acesso em: 23 jul. 2015.

STEIN, E. **A caminho de uma fundamentação pós-metafísica.** Porto Alegre: EdiPUCRS, 1997.

STEIN, E. **Diferença e metafísica.** Porto Alegre: EdiPUCRS, 2000.

STEIN, E. **Teoria do conhecimento.** Porto Alegre: EdiPUCRS, 2006.

SZILASI, W. **Introducción a la fenomenología de Husserl.** Buenos Aires: Amorrurtu, 1973.

VAZ, H. C. de L. **Antropologia filosófica I.** São Paulo: Loyola, 1991.

VAZ, H. C. de L. **Escritos de filosofia II**: ética e cultura, São Paulo: Loyola, 1993.

VERNANT, J-P. **As origens do pensamento grego.** 5. ed. São Paulo: Difel, 1986.

VERNANT, J-P. **Mito e pensamento entre os gregos**. São Paulo: Difel; EDUSP, 1986.

VERNANT, J-P. **Mito e sociedade na Grécia antiga**. Rio de Janeiro: José Olympio, 1999.

VERNANT, J-P.; VIDAL-NAQUET, P. **Mito e tragédia na Grécia antiga I e II**. São Paulo: Perspectiva, 1999.

ZILLES, U. A fenomenologia husserliana como método radical. In: HUSSERL, E. **A crise da humanidade europeia e a filosofia**. Porto Alegre: EdiPUCRS, 2002. Disponível em: <http://www.pucrs.br/edipucrs/digitalizacao/colecaofilosofia/crisedahumanidade.pdf>. Acesso em: 23 jul. 2015.

WEIL, E. **Essais et Conférences I**. Paris: Plon, 1970.

WELLMER, A. **Zur Dialektik von Moderne um Postmoderne Vernunftkritik nach Adorno**. Frankfurt: Suhrkamp, 1986.

WELLMER, A. **Sobre la dialéctica de modernidade y postmodernidade**: La crítica de la razón después de Adorno. Traducción de José Luis Arántegui. España: Visor Distribuciones, 1993. Disponível em: <https://nomelleveselapunte.files.wordpress.com/2010/03/albrecht-wellmer-sobre-la-dialectica-de-modernidad-y-postmodernidad-la-critica-de-la-razon-despues-de-adorno.pdf>. Acesso em: 23 jul. 2015.

bibliografia comentada

AUBENQUE, P. **Le problème de l'être chez Aristote**. Paris: Presses Universitaires de France, 1962.

A obra de Aubenque é fundamental para a compreenção dos assuntos e dos autores que tratam de temas e problemas propriamente metafísicos. Recorrendo aos mais destacados investigadores de Aristóteles, Aubenque esmiúça, de forma magistral, o pensamento do Estagirita. Nessa obra, pode-se encontrar, também, uma rica lista bibliográfica.

GILSON, E. **L'être et l'essence**. Paris: Vrin–Bibliothèque des Textes Philosophiques, 1994.

Essa obra é fundamental para a compreensão do desenvolvimento do pensamento metafísico e, em particular, da metafísica medieval.

MOLINARO, A. **Metafísica**: curso sistemático. São Paulo: Paulus, 2002.

O objetivo desse livro é apresentar os conceitos fundamentais de metafísica de um modo breve e, ao mesmo tempo, rico. Você se deparará com uma quantidade altamente informativa de termos e seus correlatos.

PLATÃO. **O banquete**. Tradução, introdução e notas de José Cavalcante de Souza. 10. ed. Rio de Janeiro: Bertrand Brasil, 2001.

Um verdadeiro clássico do pensamento filosófico, O banquete segue surpreendendo o leitor pela qualidade textual, bem como pela variedade de temas que podem ser extraídos de sua leitura, sendo o tema do Eros o mais destacado. Nessa obra, tem-se ainda acesso à genuína forma utilizada por Platão para comunicar sua teoria das ideias.

respostas

Capítulo 1

Atividades de autoavaliação
1. a
2. b
3. a
4. b
5. a

Atividades de aprendizagem

Questões para reflexão

As respostas devem evidenciar a compreensão das possibilidades da metafísica. Devem, ainda, demonstrar as relações entre a filosofia e a ciência, caracterizando ambas e o diálogo que pode haver entre as duas. Esses questionamentos auxiliarão na lida com os conceitos e temas próprios da metafísica.

Capítulo 2

Atividades de autoavaliação

1. d
2. d
3. c
4. a
5. a

Atividades de aprendizagem

Questões para reflexão

As questões têm como objetivo recuperar e tematizar alguns dos tópicos do pensamento de Platão e Aristóteles. É importante ter em mente que esses questionamentos são indicativos e podem ser ampliados quantas vezes o texto for retomado. Note-se, também, as distinções entre ambos (Platão e Aristóteles), evidenciando alguns elementos fundamentais para a constituição da metafísica como ciência.

Capítulo 3

Atividades de autoavaliação

1. a
2. b
3. b
4. c
5. c

Atividades de aprendizagem

Questões para reflexão

As questões abordam, em linhas gerais, alguns pensadores que investigaram temas próprios da metafísica medieval. A tarefa aqui é, depois da leitura do texto, procurar demonstrar a compreensão de tais pensadores. Um dos objetivos é interligar os autores com o pensamento grego para, em seguida, distinguir as teorias que produziram.

Capítulo 4

Atividades de autoavaliação

1. a
2. b
3. c
4. a
5. b

Atividades de aprendizagem

Questões para reflexão

As respostas devem abranger as características das neurociências, seu impacto sobre a reflexão metafísica e o diálogo interdisciplinar com a neuroética.

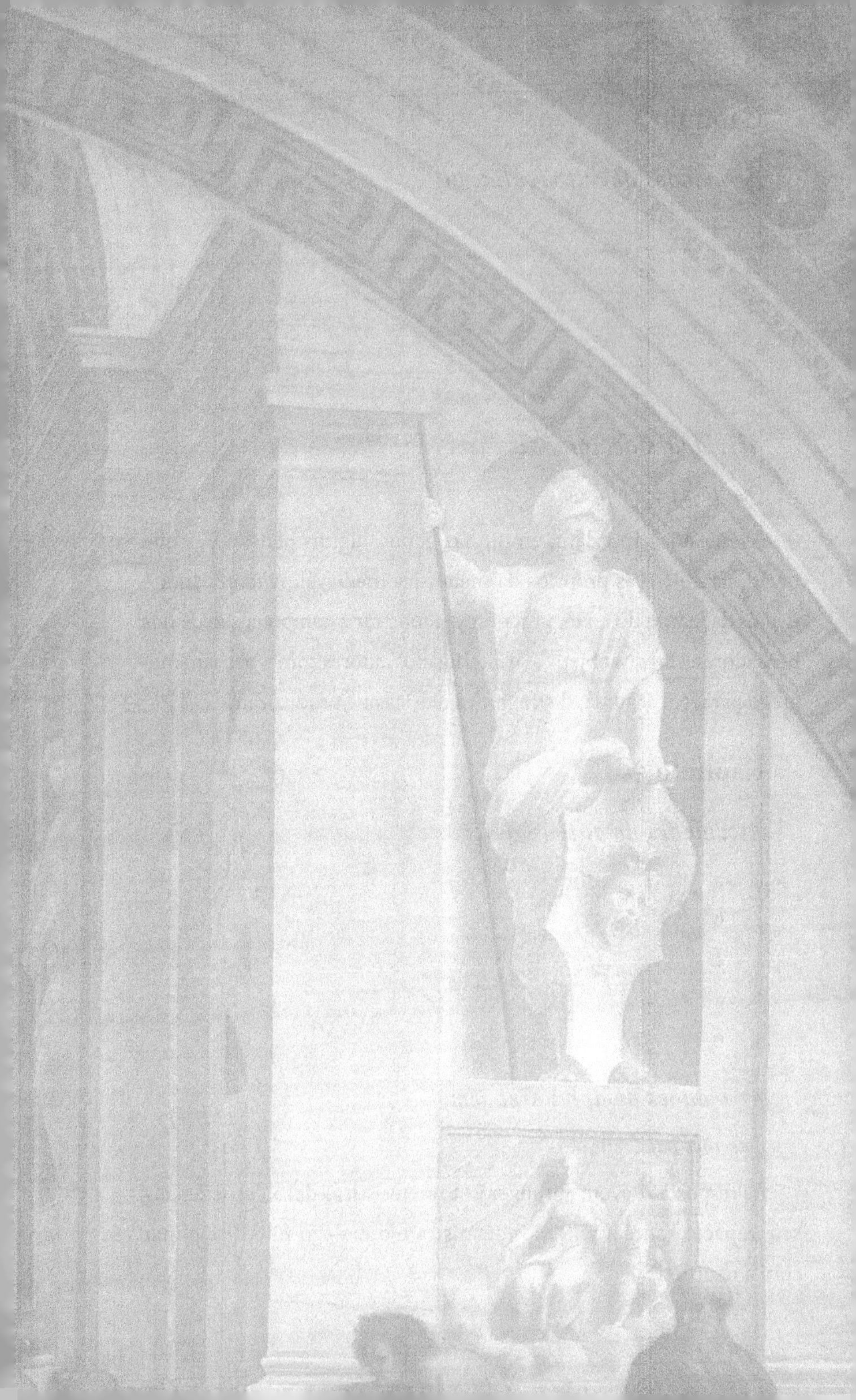

sobre o autor

Mauro Cardoso Simões é livre-docente e doutor em Filosofia pela Universidade Estadual de Campinas (Unicamp), mestre e graduado em Filosofia pela Pontifícia Universidade Católica de Campinas (PUC-Campinas). Atualmente, é professor de Filosofia na Faculdade de Ciências Aplicadas da Unicamp. Além desta, tem diversas obras publicadas, dentre elas: *Nietzsche, a escrita e a moral* (Editora Alínea, 2003), *John Stuart Mill & a liberdade* (Editora Zahar, 2008), *Discurso de ódio e vingança: nas fronteiras da democracia* (Ideias & Letras, 2021), *Justiça, tolerância e liberdade* (Paulus, 2022), *Pequeno tratado sobre a fragilidade* (Ideias & Letras, 2022), além de inúmeros artigos em revistas especializadas em filosofia.

SANZIO, R. *A Escola de Atenas (Scuola di Atene)*.
1509-1510. 500 cm × 770 cm; color.
Stanza della Segnatura, Palácio Apostólico:
Cidade do Vaticano.

Impressão:
Novembro/2023